まわしよみ新聞をつくろう！

陸奥《むつ》 賢《さとし》

創元社

はじめに

まわしよみ新聞とは

まわしよみ新聞とは、2012年にぼくが考えた「新聞遊び」です。みんなで新聞を持ち寄って回し読みをし、気に入った記事を切り取り、グループ内でその記事について順番におしゃべりして、最終的に、それらの記事を模造紙に貼りつけて新しい壁新聞をつくる、という活動です。もともとは、大阪市天王寺区の應典院《おうてんいん》というお寺で行われる、総合芸術文化祭「コモンズフェスタ」の企画のひとつとして考案した、一種のワークショップでした。

その後、釜ヶ崎《かまがさき》の喫茶店ＥＡＲＴＨ《アース》で、100日間にわたって連続的に実施しました。するとそのうち、口コミや新聞などで紹介されたり、「私も独自にまわしよみ新聞をやってみたい！」と立ち上がってくれる人が現れ、まわしよみ新聞の活動はしだいに多くの人に知られ、あちこちで実施されるようになりました。

特別な道具も、知識や能力もいらない簡単な共同作業を通して、見知らぬ人とも気軽に知り合っておしゃべりできることや、さらには幅広い記事を読み、話を聞くことで、メディアリテラシーを磨けるといった思わぬ効果も手伝って、ＮＩＥ（Newspaper In Education、「教育に新聞を」と訳される、新聞を学習に活用すること）として教育現場でも取り組みが行われています。2017年には、その教育的効果を評価されて、第66回読売教育賞ＮＩＥ部門最優秀賞を受賞しました。

また、NIB (Newspaper In Business) として会社やビジネスセミナー、社員研修で使われたり、コミュニケーション・ツールとしてまちづくりや社会人学習の現場で実施されたりと、さまざまな分野、ジャンルに広がっています。

他者との出会いの場をつくるコモンズ・デザイン

まわしよみ新聞は「いつでも、どこでも、だれでもできるコモンズ・デザイン」と銘《めい》打っています。しかし「コモンズ」というのは、あまり聞き慣れない言葉かもしれません。

似たような言葉として「コミュニティ(共同体)」があります。「コミュニティ」は同質性の強い人たちの集まりを指します。同じ組織、同じ会社、同じ集落、同じ血縁家族、同じ趣味の人たち……そういった集団や、そういった人々が集まる場所を意味します。

ですからコミュニティは、コミュニティどうしでケンカをするという問題が往々にして発生します。同じコミュニティの中にいる、自分たちの仲間、関係者、知人、友人の利益などは考えますが、他のコミュニティの「他者」のことはあまり考えないわけです。こうしたコミュニティ意識が強まると「おらが村さえよければいい」という発想も出てきてしまいがちです。

「コモンズ」は、こうした同質性の高い人たち=当事者たちが集まるコミュニティとは違い、ひと言でいえば「他者が集う場所」です。共有地とか入会地《いりあいち》ともいいます。だれのものでもないし、全体のものであるという「共有財産」です。そうした共有財産をつくりたいと、まわしよみ新聞のプロジェクトは始まりました。

オープンソースで自由に使える

だから、まわしよみ新聞は「オープンソース」を標榜《ひょうぼう》して、いつでも、どこでも、だれでも、発案者のぼくの許可などを得なくても、勝手に、自由に実施していいというものになっています。ぼくの知らない、会ったこともない「他者」にこそ、まわしよみ新聞を使ってほしい……と思って企画したわけです。

こうした、「コミュニティ」の範囲を超越して、「社会全体の共有財産をつくろう」というプロジェクトは、あるようで意外と見当たらないようです。ただ、じつはインターネットでは、こうしたオープンソースのプロジェクトは数多くあります。「フリーソフト」というのは、すべてそうした考え方でできています。オンライン百科事典の「ウィキペディア（Wikipedia）」なども、そうしたプロジェクトの好例でしょう。

インターネットでは当然のものとしてあるオープンソースを、リアルな現実社会の中で実践してみたのがまわしよみ新聞ということです。かつてなかった新しい新聞のスタイルと言えるのかもしれません。

おかげで、まわしよみ新聞は軽々とコミュニティを超越していきました。今や北海道から沖縄まで日本全国各地でまわしよみ新聞を発行する編集長も数多くいます。日本どころか韓国、台湾など、海外でもまわしよみ新聞の取り組みは実施されています。

本書について

本書は、「まわしよみ新聞ってどんなものなの?」「私もまわしよみ新聞をやってみたい」という方のために、その具体的な実施方法やコンセプト、その効果などをまとめた入門書です。第1章でまわしよみ新聞のつくり方、第2章でまわしよみ新聞の長所や効果を解説し、第3章では、全国各地で行われているまわしよみ新聞の中でも特にユニークな事例を8つ、ご紹介します。第4章、第5章では、まわしよみ新聞を通して見えるメディアリテラシーや他者との出会いについて、対談もまじえて考察します。

本書を読めば、あなたもすぐにまわしよみ新聞を始められますし、それをきっかけに、その背後にあるメディアや情報社会、他者との関わりなどにも、関心を持ってもらえるのではないかと思います。

まわしよみ新聞は参加型で、敷居もハードルも低いので、どんどんネットワークが広がっています。ぜひともあなたも参加してください。

陸奥賢

まわしよみ新聞

第3章

まわしよみ新聞の現場から（事例紹介） 65

※本書の情報は2018年5月現在のものです。
※「まわしよみ新聞」とは、みんなで新聞を回し読んで話し合い、新たな壁新聞をつくる活動ですが、そこで完成させた壁新聞そのものも、「まわしよみ新聞」といいます。ただし本書では、説明をわかりやすくするため、みんなで読み、話し、つくる活動のことを「まわしよみ新聞」、完成した新聞を「壁新聞」あるいは「まわしよみ新聞（壁新聞）」と表記します。

Cafe
久しぶりー
どう最近？
私コーヒーで
ホットコーヒー
MENU
MENU
相変わらず家と仕事～
一緒一緒
わぁ
先週こんなニュースあったんだ
何これ壁新聞？

2018.6.
って言うより スクラップ？
別にこの店の 記事じゃないね
共通点 ない〜
見てこれ 変な川柳《せんりゅう》
新聞 なのに ウケるー
上のやつ 広告だよ
どこに 載《の》ってるの こんなの
コメント入り…
「まわしよみ 新聞」って いうんですよ
誰《だれ》!?
気になる でしょ？

まわしよみ新聞 Cafe支局
ま まわしよみ新聞？
ええ
いろんな新聞を持ち寄って
みんなで回し読みして
朝刊
夕刊
日曜版
スポーツ
こども
それぞれ気になった記事を切り取って
ジョキ
記事を選んだ理由を
プレゼンして
年中快適
作務衣特集
全員の記事を模造紙に貼って新しい新聞をつくりだす
バーン
それがまわしよみ新聞です
ちょうどスペース空いてた
のり

いきなり失礼しました
まわしよみ新聞を考えた陸奥《むつ》賢《さとし》です
考えた？
ええ いつでも どこでも 誰でもできて
初対面の人どうしでもわいわい話せる「遊び」はないかと始めてみたら
お互いのことをよく知らなくても話題はできるし
選んだ記事に意外な人柄が表れたりして
けっこう盛り上がったんです
のり
のり
マジック
クレヨン

誰でも好きにやってええよーって言うたら
みんないろんなところで始めてくれて
今では日本全国
海外でもやってくれてるんですよ
へーすごいー
ホンマに!? 話でかすぎへん?
とにかく新聞さえあればできますからね
ちなみにこれは僕がここでしたまわしよみ新聞マスターと2人でやった第一号
地方では地元の新聞使ったりして
ホラ

フィリピンしんぶん
たいふうのことをしらべました
まわしよみ
新聞
ほ〜
あふれでる個性…
おもしろーい
イラストも描いてある！

これから
マスターと
まわしよみ新聞
やるんですけど
ちょうど面白い業界紙手に入れましてね
おまちどうさまー
よかったら
一緒にやりませんか?
いいんですか?
何も知らないのにー
やるー!
人数多い方が
おもしろいし
飛び入り
歓迎ですよ～
よく居合わせたお客さんとやるんですよー
わい
私がえらんだのは
これですー
えっ意外!!
わい

第1章

「まわしよみ新聞」をつくってみよう！

まわしよみ新聞のつくり方

まわしよみ新聞公式サイトから引用　http://www.mawashiyomishinbun.info/manual/
（イラスト：向井さつき）

❶

会社、カフェ、コミュニティ・スペース
などに新聞を持ち寄ります。

全国紙もいいですが、業界新聞やスポーツ新聞、地方紙もオススメです。はさみ、のり、紙（台紙）、カラーペンも用意します。

❷

みんなで新聞を読みます。

❸

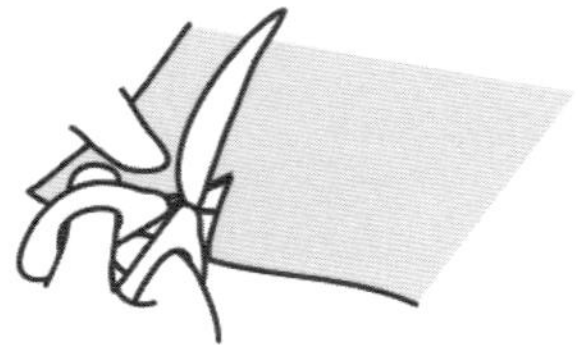

「気になる！」「おもしろい！」「これは……」
という記事を切り取ります。

広告でもコラムでも天気予報でも何でもOKです。いかに小さい記事でみんなを引きつけるか？ も楽しみのひとつです。

「まわしよみ新聞」のタイトルと日付と編集局（場所）、記事へのコメントを記載して完成！

「まわしよみ新聞できたよ！」といって、みんなで回し読みしましょう！

❻

〈表〉　〈裏〉

❺

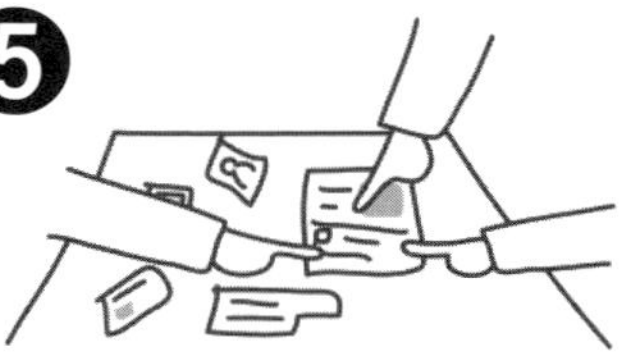

みんなで「今日のトップ記事！」を決めて上から順番に貼っていきます。

四つ切画用紙の表裏に記事を貼り、切り取った人（新聞切者《きしゃ》）の名前も書き入れます。（※記事の大きさにもよりますが10枚～20枚ほど貼れます）

❹

ひとり１枚ずつ記事をプレゼンしていきます。なぜこの記事を切り取ったのか？を語ります。

どんな記事を切り取ったか？ どんなプレゼンをするか？でお互いの人柄を自然に知り合えます。

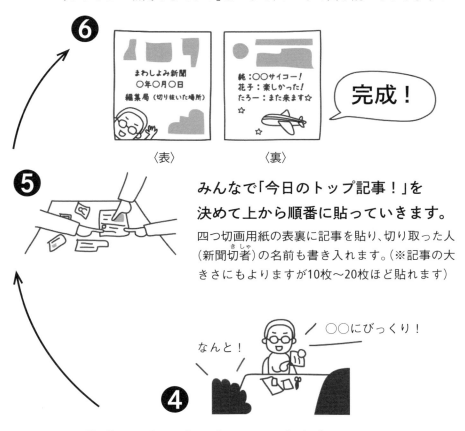

「まわしよみ新聞」がいったいどういうものかは、プロローグの漫画で何となくわかっていただけたかと思います。

第1章では

「まわしよみ新聞についてもう少しくわしく知りたい！」

「私もまわしよみ新聞をやってみたい！でも何から始めればいいの……？」

という人のために、具体的なまわしよみ新聞のやり方やコツを、Q＆A形式で説明します。

Qの質問は、ぼくが過去にあちこちでまわしよみ新聞をやってきて、いろんな人に聞かれた疑問を集めたものです。これを読めば、まったくの初心者のあなたでも、まわしよみ新聞ができますよ。

準備をしよう

まわしよみ新聞は**「いつでも、どこでも、だれでもできる」**が合言葉です。簡単に始められますが、スムーズに行うためには、主催者側が前もって用意をしないといけないものもあります。

また、お店やレンタルスペースなどを借りて行う場合や、不特定多数の人が参加する場合などは、それなりの段取りも必要になってきます。

「まわしよみ新聞をやってみよう！」と思ったら、まずは次のことを準備しましょう。

Q1 何を準備すればいいの？

まわしよみ新聞に必要なものは

①新聞
②はさみ
③のり
④カラーペン
⑤紙（四つ切画用紙、模造紙など。切り取った新聞を貼るのに使います）

の5点です。これらは主催者側が準備してもいいし、**参加者の持ち込み制**でもいいでしょう。

ぼくがまわしよみ新聞を主催するときは、参加者には「①～④を持ってきてください」と告知しています。ぼくが準備をするのは「紙」だけです。

ただ、参加者に「持ち込み制でお願いします」と言っておいても、忘れる人も往々にしていますので、新聞やはさみ、のり、カラーペンなどもある程度は用意しておきます。

Q2

何人でつくることができますか？

たったひとりでもまわしよみ新聞をつくることはできます（寂しいですけど・笑）。

しかし、まわしよみ新聞では、新聞をつくることも大事ですが、つくる過程で**「みんなで、いろんな記事を読みながら、いろんな話をすること」**がとても大事だと考えています。ですので、2人以上での実施をオススメします。

もちろん大人数でもできますが、くわしくは次の質問を見てください。

ちなみに、全員がまわしよみ新聞未経験の、**初心者のみでもつくれます**。ファシリテーション（司会進行）の技術などは、特に必要ありません。

Q3

オススメの人数はありますか？

経験上、**4人**がオススメです。

あまり少ない人数でまわしよみ新聞をすると、新聞記事について話し合いをするときに、それほど話が広がりません。

逆に5人、6人と大勢いると、話が広がりすぎて、全員が切り取った記事の紹介をする時間がなくなったりします。さらに記事を紙に貼るときに、数が多すぎて、まとまらなくて載《の》せきれない……といった事態も発生します。
4人組ならば、話が適度に広がって、それぞれの参加者の個性が出て、記事の数もそれほど多くないので、まとまって編集しやすいようです。

Q4 どんな新聞を使ってもいいの？

もちろんです。読売新聞、朝日新聞、毎日新聞、産経新聞、日本経済新聞といった、いわゆる「五大新聞」と呼ばれる全国紙でもいいですし、地方の新聞もオススメです。

いろんな種類の新聞を持ち込むと、多様な記事が出てきますし、**同じ事件やニュースについてそれぞれの新聞がどのように書いているかを見比べる**、なんてことも可能です。

新聞は意外と種類のバラエティが豊富なんですよ。

◎地方紙

特定の地域で集中的に発行・購読されている新聞で、限られたエリアのものから、いくつかの都道府県にまたがるブロック紙まで、規模もさまざまです。

地方紙は**地域密着型のローカル情報が満載**なので、「ここ、行ったことある！」「これ、食べたことある」と共感しやすく、話が盛り上がりやすいようです。

◎業界新聞

ある特定の業界についての記事が多く載った業界新聞もオススメです。関係者以外の人は普段なかなか読むことがありませんし、**業界ならではのニッチでマニアック、かつディープな記事が目白押し**です。参加者の興味がそそられて話も盛り上が

ります。

過去には朝雲《あさぐも》（自衛隊）や仏教タイムス（仏教界）、日刊電波新聞（電子工業界）、日刊木材新聞（材木業界）、東京交通新聞（タクシー、バスなどの地域旅客交通業界）、AKB48グループ新聞（アイドルグループ）など、多様な新聞の持ち込みがありました。

ちなみに業界新聞に詳しい方に話を聞くと、世の中には「山口組新報」なんて新聞もあるそうです。業界新聞の世界は奥が深い……。

◎子ども向け新聞

朝日小学生新聞、読売KODOMO新聞、毎日小学生新聞、読売中高生新聞、朝日中高生新聞……といった子ども向けの新聞も、まわしよみ新聞で使えます。

しかし、これまでぼくが行ったまわしよみ新聞では、意外と子どもはこれらの新聞の記事は選ばなくて、**むしろ大人が子ども向け新聞から記事を切り取る**……といったふしぎな現象が起きます。

理由を大人に聞いてみると、「子ども向け新聞を読んでみたら、記事がわかりやすくてよかった」とか「今の子どもたちの興味・関心がわかった」と好評でした。子ども向けだからといって侮《あなど》れません。

◎スポーツ新聞

スポーツ新聞ももちろん使えます。

大阪では「大阪スポーツ」というスポーツ新聞があって、ぼくはよくまわしよみ新聞で使っていますが、「生駒山中でUFO発見！」とか「宇宙人の日記、見つかる！」といった三面記事が多くて、よく盛り上がりました。ただ**小・中・高校のNIE（Newspaper In Education、教育に新聞を）の現場では、スポーツ新聞はNG**です。18禁の記事などが沢山ありますので……くれぐれもご注意してください。

Q5

過去の新聞を使ってもいいのですか？

過去の日付の新聞でも構いません。一ヶ月前の新聞、一年前の新聞などがあると「ああ。こんな事件あったな」とか「こんなニュース知らなかった」と今更ながら発見があったりします。

たとえば一度、引っ越し作業をしていたら出てきたという「１９７０年発行の新聞」を持ってきた方がいて、思い出話に花が咲きました。ちなみに、そのときつくったまわしよみ新聞のトップニュースは「大阪万博、いよいよ来月から」でした。

Q6

用意する紙はどれくらいのサイズがいいですか？

まわしよみ新聞は、記事を貼る際にコメントなどを書き込みます。そのための**「余白」が必要ですから、紙は大きめのほうがいい**です。

よく１００円ショップなどで売っている、一般的な四六判（７８８×１０９１㎜）サイズの模造紙がオススメですが、見つからなければ四つ切画用紙（３９２×５４２㎜）やコピー用紙などを貼り合わせてもＯＫです。過去にはＡ３サイズの紙やＡ２サイズ（Ａ３のコピー用紙を２枚貼り合わせました）でつくったこともあります。参加者の人数に合わせてサイズを考えましょう。

Q7

対象年齢はどれくらいですか？

まわしよみ新聞は、幼稚園児から高齢者まで、幅広い年齢層が参加しています。中学生以上であれば、新聞をまわし読んだり記事についていろんな話をすることが楽しいようですが、幼稚園児、小学生では記事について語るよりも、いろんな新聞記事を切ったり、貼ったりする「新聞づくり（モノづくり）」が楽しいようです。

Q8

どんな場所で実施すればいいですか？

どこでもできますが、まわしよみ新聞で記事について話し合いをすると、かなり盛り上がります。大きな声でしゃべったり笑ったりすることもありますので、**図書館などの静かにしないといけない場所は向いていません。**

また、はさみやのりを使って作業してもいい場所でないと、マナー違反になります。特に、カフェなどのお店でやるときは、事前にお店の人の許可を得るなど、**迷惑にならないよう気をつける**必要があります。

また、それ以外にも、つくった壁新聞を掲示できる場所でやるのがオススメです。完成した壁新聞の掲示は必須ではありませんが、その場を訪れたり通りがかった人が、たまたま記事を目にすれば、その人にとっても新しい気づきがあるかもしれませんし、まわしよみ新聞の取り組みを知ってもらうことができます。定期的に参加者を募って開催したい場合は、絶好の宣伝ツールになります。

Q9

どうやって人を集めればいいですか？

ぼくはまわしよみ新聞の公式サイト、ブログ、フェイスブック（Facebook）、ツイッター（Twitter）などでイベント情報を発信することが多いです。

その際に必ず作成するのが、フェイスブックのイベントページです。無料で作成できますし、希望者に参加ボタンを押して申し込んでもらえば、ある程度、参加者数を把握できるからです。

参加者を募集しても、**実際にどれだけ参加者が来るかが事前にわからないと大変**です。参加者が少なければ、もっと他の方法で呼びかけなければいけませんし、多ければ、座席や紙などを準備する数も変わってきます。

しかし、フェイスブックに登録していなかったり、そもそもインターネットに不慣れな人もいます。そういう人にはチラシをつくるとか、まわしよみ新聞を掲示して告知するとか、呼びかけたい層に合わせて告知方法を考える必要があります。

いずれにしても、「まわしよみ新聞」という活動そのものを認知してもらわないとイベントの参加者は増えません。ネットでも紙でも、いろんな情報媒体で、いろんな人に参加を呼びかけてみてください。

Q 10

参加費を取ってもいいのでしょうか？

構いません。

まわしよみ新聞は**「いつでも、どこでも、だれでも使えるコモンズ・デザイン」**をうたっているメディア遊びです。オープンソースですから、**ルールをアレンジ（改変）することはもちろん、営利目的での二次利用もOK**です。

まわしよみ新聞をするとなると、会場費や新聞、紙などの準備物で経費がかかることもあると思います。ボランティアでは活動が長続きしませんし、停滞してしまいますから、必要ならぜひとも参加費を取って、ムリのない範囲でまわしよみ新聞を実施してください。

これまでの事例では、参加費はひとり５００〜千円ほどの場合が多いようです。ビジネススクールのセミナー研修で、ひとり５万円の参加費というのもあれば、市民活動の一環で「無料」という場合もあります。特に規定などはありませんので、主催者が自由に設定してください。

実際につくってみよう

さて、これで準備はできました。次は、いよいよ実際にまわしよみ新聞をつくっていきましょう。

まずは初めての参加者にまわしよみ新聞の流れを簡単に説明し、大人数の時は4人チームに分かれましょう。グループができたら、次の3つのステップで、まわしよみ新聞を進めていきます。

①まわしよみタイム
②おはなしタイム
③新聞づくりタイム

それぞれのステップで何をし、どういうところに気をつければいいか、順に見ていきましょう。

①まわしよみタイム（15～20分）

まわしよみ新聞は、まず**「まわしよみタイム」**から始まります。

これは持ち寄ったいろんな新聞を読んでみて、記事を切り取っていく時間です。

Q 11

どんな記事を切り取ればいいの？

おもしろいと感じた記事や気になった記事、興味・関心を覚えた記事、これは何だろう？と疑問に思った記事などを切り取ってください。

全国紙など大手の新聞の朝刊は、たった1部で２００本以上の記事が掲載され、文字数は10万文字以上にのぼると言われています。

また政治、経済、国際情勢といったマジメな記事もあれば、文化、映画、音楽、本、料理、囲碁将棋、スポーツといった娯楽的な記事もあります。俳句、川柳、投稿欄、お悩み相談、お悔やみ欄といった読者が携《たずさ》わるページや、広告、写真、４コマ漫画、地域ネタなどニュース以外の原稿もあります。

まわしよみ新聞で切り取る記事は、広告だろうと4コマ漫画だろうと、**新聞に載っているものであれば何でもＯＫ**です。

Q 12

「わからない記事」でもいいんですか？

はい。どういう内容なのかわからなかった記事でも大丈夫です。

特に小さい子どもにとっては、新聞を読んでもよくわからない言葉がたくさん出てきますし、内容に対しても疑問が湧いてきます。

しかし、そうした「わからない記事」を切り取ると、子どもたちは「これはこういうことじゃないかな？」とか「お父さんがこんなことを言っていた」と断片的な情報を組み合わせて、なんとか読み解こうとします。

大人にとっても、子どもたちが何をわかり、どういうことを疑問に思うのか知ることで、見慣れたニュースが新鮮な切り口で見えてくることもあります。

Q13

記事は何枚、切り取ればいいの？

基本的には「ひとり3枚以上」としています。

ただし、これは1チームが4人の場合で、メンバーがそれより少ない場合は「ひとり4枚以上」とお願いすることもあります。

ポイントは、**1チームで12枚以上の記事を選び出す**ということです。まわしよみ新聞では、このあと「おはなしタイム」で切り取った記事についてみんなで話し合うので、話し合いのキッカケとなる記事が多彩であるほど、バラエティに富んだ話し合いの場になります。

1グループ12枚以上の記事を原則とするのには、もうひとつ理由があります。最後に壁新聞を作成する際に、あまり記事が少ないと寂しい紙面になります。読みごたえのある紙面をつくろうと思うと、やはり12枚くらいは記事が必要になります。

ちなみに「ひとり3枚以上」なので、4枚でも5枚でも10枚でも、何枚でも切り取って構いません。いざ話し合いをするときに、その中から指定された数を選べばいいので、「持ち記事」はたくさんある方が選択肢が増えます。

どれにしようか悩むより、「これ！」と思ったらとりあえず切り取るのがいいでしょう。

Q14

記事を切り取るときの注意はありますか？

どの新聞から切り取った記事かがわかるようにすること、です。

まわしよみ新聞では、最後に記事を貼り合わせて壁新聞をつくる際、それぞれの記事の「出典」、(どの新聞に載っていたか)を書きます。ですから「もとの新聞が何日付のどれだったか」を、かならずどこかにメモをしておいてください。

ぼくはよく記事の余白に「S」(産経)とか「A」(朝日)とかイニシャルを書いておきます。壁新聞をつくる際は、そのイニシャルをもとに、記事の隣に「産経新聞」とか「朝日新聞」というような正式名称を書きます。

記事を切り取って貼ることは、いわば新聞の引用ですから、出典の明示は重要な決まりごとです。こうすることで、通りすがりに偶然まわしよみ新聞を目にした人が「この記事はおもしろい記事だな。もとの新聞を読みたいな」「どの新聞社だろう？」と疑問に思っても、すぐに解決します。

そうすれば、その人が新聞を購入したり、新聞社に問い合わせたり、データベースを調べたりしてもとの新聞を読むことが可能になりますので、ぜひとも**出典は忘れないように**してください。

Q15

大きい(目立つ)記事のほうがいいのでしょうか？

そんなことはありません。こう言っては何ですが、「小さい記事で、みんなを驚《おどろ》かせる」というのが、まわしよみ新聞の醍醐味《だいごみ》だったりします。

というのも、新聞社は「社会的なニュースバリュー(情報の価値)が高いだろう」

と判断した記事を大きく扱います。しかし小さい記事でも、よくよく読んでみると「え⁉」と驚くような事件や「これは何だ⁉」と気になってしまうがない小ネタが取り上げられています。

小さい記事なので、出来事のディティールがあまり書かれていません。それゆえに、どうしてこういうことになったのか？　どんな理由があるのか？　好奇心が湧き、いろいろと想像（妄想？）がかき立てられるような記事に結果としてなっているわけです。

小さい記事なのに切り取って、みんなで話し合ってみると大いに盛り上がるということが、まわしよみ新聞では往々にして発生します。「山椒《さんしょう》は小粒でもピリリと辛い」ではないですが、そういう小さいながらもスパイスが効いた記事をぜひとも探してみましょう。

Q16　まわしよみタイムは何分くらい取ればいいですか？

ぼくはだいたい、**15分～20分ぐらい**でやっています。しかしこれは決まりではなく、主催者によって変動があっても構いません。

たとえば西日本新聞社の朝活ニュースカフェ「まわしよみ新聞」（↓125ページ）では、まわしよみタイムを30分取っていました。主催者として「じっくりといろんな新聞記事を読んでもらいたい」という狙いがあるようです。

逆に大阪のあるビジネススクールでは、わずか10分間でまわしよみタイムを終えていました。これは「短時間で、どれだけ自分の興味・関心のある記事を切り取れるか」という情報のインプットや判断の速さを競う狙いがあったそうです。主催者しだいなのですが、参加者の読むスピードもまちまちですので、いろいろなパターンを試してみてください。

②おはなしタイム（約30分）

さて、「まわしよみタイム」で参加者それぞれがいろんな新聞から「おもしろいと思った記事」「興味・関心を覚えた記事」「気になった記事」などを切り取り終えたら、グループ内で発表する順番を決めて、その記事を紹介していきます。

Q17

何を説明すればいいの？

最初に発表する人が決まったら、いよいよ記事を発表していきます。手順は次の通りです。

①自分が切り取った「持ち記事」の中から1枚選ぶ。
②グループのみんなに見せながら、「○○新聞から切り取った記事です」と出典を示す。
③記事の中身を説明する。
④その記事を切り取った理由を話す。

この**④切り取った理由**というのが、まわしよみ新聞では非常に大事です。

例えば「アメリカ旅行の広告」の記事を切り取った人がいたとして「なぜ切り取ったのか？」を聞いてみると、「ここに行きたいと思った」という人がいれば、「以前ここに行ったことがあります」と答える人もいます。もしかしたら「この広告を出している旅行会社は、じつはぼくの友人が経営しているんです」といった理由なのかもしれません。

たった1枚の記事でも、そこには、選んだ人のいろんな感情や背景や物語があります。それをぜひとも提示してほしいのです。

1枚の記事で「記事の内容」と「切り取った理由」と2つのお話をする。これを忘れないでください。

Q 18

話を聞いて周りの人はどうするの？

トップバッターが1枚目の記事を紹介したら、その話を聞いて、他の参加者は、その記事について自分なりの感想を伝えましょう。

ただ記事の発表を聞いて終わりではなくて、その記事（事件やニュースなど）を「はじめて知りました」とか「聞いたことがあります」とか「ぼくは知っていましたが、ここの部分が気になりました」とか、まずはその記事について知っていることをしゃべってください。

そして何でもいいので感じたことなどを全員で話し合ってみましょう。

このおはなしタイムは気軽な話し合いの場です。**記事の話からどんどん脱線して、思い出話や自分の経験談や似たような話などをして構いません。**要するに自由気ままに、みんなで雑談をしてみてください。

Q19

雑談が終わったらどうするの？

ひとしきり雑談が終わったら、そのあとは時計回りで2人目に移ってください。そして2人目の人もトップバッターと同じように、1枚目の記事を出して「記事の中身の説明」「切った理由」を話し、その記事について、またみんなで感想を言い合ってください。

それが終われば、次は3人目、4人目……と、記事を出しながら雑談を続けていってください。

Q20

チーム全員が1枚目の記事を出し終わったら？

またもとのトップバッターに戻って、2枚目の記事を出して同じように続けます。こうして「参加者が切り取った記事を1枚ずつ出して、みんなで話をする」というのを3巡してください。

1チーム4人で1人につき3枚の記事が紹介されたとすると、合計12枚の記事についてお話をすることになります。最後にまわしよみ新聞(壁新聞)をつくりますが、あまり記事が多すぎると編集が大変なので、全部で12枚前後がちょうどいいようです。

Q21

おはなしタイムは何分くらいですか？

「おはなしタイム」の長さは、だいたい「30分」です。しかし、もちろん主催者の都合で変更して構いません。

仮に4人で3枚、全部で12枚の記事を出したら、30分のおはなしタイムなら1枚の記事につき、平均して2分30秒ほど話し合うことになります。

「30分で、すべての記事を紹介して話ができた」というチームもあれば「まだ3枚目の記事まで話せていない」というチームもあると思います。時間がかかるチームは延長してもいいですし、早く終わったチームは次の「新聞づくりタイム」に移行しても構いません。

Q22

記事を4枚以上切り取りましたが、紹介してもいいですか？

「まわしよみタイム」で「3枚以上、記事を切り取ってください」と言っているので、中には4枚、5枚、6枚と記事を切り取った人もいると思います。

全員が3枚目の記事を紹介して、まだ「おはなしタイム」の時間が余っているなら、その方は4枚目の記事を紹介して構いません。

6枚記事を持っている人がいたら、その人はずっと「俺のターン！」で自分の記事のお話ができます（笑）。

③新聞づくりタイム（30～40分）

おはなしタイムが終わったら、それらの記事を組み合わせて、いよいよ壁新聞づくりに取りかかります。

ここでは「参加者全員が編集長」です。みんなでいろいろと話をしながら、新たな新聞をつくっていきましょう！

Q23

最初に何をすればいいですか？

壁新聞をつくるにあたって、紙面にかならず「書いてほしいこと」があります。

①プロジェクト名
②つくった場所と日付
③記事の出典（新聞名・日付）
④新聞切者《きしゃ》名とツッコミ
⑤イラスト

の5つです。

そして、これらを書きこむために非常に重要なのが、まず**「余白」を確保すること**です。

通常の新聞には、記事の周りに何かを書きこんだりするような余白はありません。ほぼスキマなく記事のみが配置されています。

しかし、まわしよみ新聞（壁新聞）は記事だけではなくて、記事の周りの余白の部分に、いろいろと参加者が感想などを書き込んでいきます。

Q24

どうやって「余白」を確保するの？

余白を確保するために、まずはテーブルの上に模造紙を広げて、「どこの位置に記事を置くか」、つまり**レイアウト（配置・配列）を決めましょう**。

レイアウトのコツは**「イチオシ記事」、いわゆるトップ記事を決めること**です。「おはなしタイム」でいろんな記事について話をすると、特に盛り上がった記事があると思います。それがそのチームの「イチオシ記事」になります。

そのイチオシ記事を、紙の中心や上部など目立つところに置いてみると、他の記事も置きやすくなると思います。

「何となく、このへんでいいかな？」と目星をつけて仮置きしてみましょう

Q25

記事が多すぎて、紙からはみ出してしまうのですが……。

全部で12枚前後の記事がある中で、みんなが大きい記事ばかりを切り取ったため、紙の上に仮置きしてみたらはみ出てしまう……ということがあるかもしれません。

そのときはみなさんで編集会議です。「どの記事を貼って、どれを貼らないか？」といった取捨選択や、大きい記事の核となるような中心的な部分をはさみで切り取って小さい記事にしてしまうなど、相談しながら、なるべく記事が紙からはみ出さな

いようにして配置してください。

もちろん「余白の確保」も。紙が記事でいっぱいにならないよう、気をつけてください。


記事の仮置きができ、レイアウトが決まったら、記事をのりで貼りつけて固定します。そして余白に①〜⑤を書き込んでいきます。

Q 26

①「プロジェクト名」って何ですか？

プロジェクト名というのは、そのグループの「まわしよみ新聞の名前」です。

まわしよみ新聞は、**「みんなで新聞を持ち寄っておもしろい記事を再編集し、新しい壁新聞をつくりあげて、他者（新しい読者）に向けて発信する」というひとつのプロジェクト**です。

完成した壁新聞はそのプロジェクトの成果ですので、その回のグループや記事の傾向にちなんで、

『○○まわしよみ新聞』

と名前をつけてください。


名前というのは、とても大切です。

その場でつくった「まわしよみ新聞」をひとつのプロジェクトとして完成させるという意味もありますが、今後の広がりのためにも必要なのです。

今はインターネット時代ですから、何か気になる情報や言葉に出会うと、みなさ

んもすぐ「キーワード検索」すると思います。

まわしよみ新聞の存在を知らずに、たまたま壁新聞を見かけた人にとって、**プロジェクト名は、重要なキーワード**になります。名前がなければ、興味を持った人がそれ以上調べることができません。

Q27

どんな名前でもいいのですか？

ここで注意したいのは、**プロジェクト名に必ず「まわしよみ新聞」というキーワードを入れる**ということです。

これが入っていないと、「まわしよみ新聞」のキーワードでつながるさまざまな情報にアクセスできなくなってしまいます。まわしよみ新聞が２０１２年からの歴史を持っていることや、全国各地で行われていること、主催者によってさまざまなバラエティに富んでいることが、伝わらなくなってしまいます。

もし、新たな参加者を募ってまわしよみ新聞の活動を続けるのであれば、こうした情報が伝わらないのは何とも惜しいことです。アピールのためにも、ぜひ「まわしよみ新聞」のキーワードを活用してください。

Q28

②「つくった場所と日付」はどう書けばいいですか？

まわしよみ新聞をつくった場所と日付を書いてください。つくった場所と日付を書いておくと、バックナンバーとして保存や整理もしやすくなります。

ちなみにぼくは、より〝新聞っぽく〟するために、「喫茶○○編集局」とか「○○

商店街編集局」といったように「**つくった場所＋編集局**」と記載しています。

Q 29

③「記事の出典」とは何ですか？

Q14でメモしてもらった、「その記事をどの新聞から切り取ったか」を、貼りつけた新聞記事のそばに必ず記すようにしてください。

「○○新聞」と出典の新聞名を書くだけでOKですが、過去の新聞を使った場合は「○月×日付」などと日付も入れる方がいいでしょう。

こうしておくと、通りすがりにまわしよみ新聞を見た人が「あ、この記事は○○新聞社の記事か」とわかり、調べることができます。

Q 30

④「新聞切者名」とは何ですか？

「新聞切者」とは、ぼくがつくった造語で、「**記事を選んで切り取った人**」のことです。

記事を書く人を「記者」と言いますが、まわしよみ新聞では記事を書くのではなく切り取るので、ぼくは遊び心で参加者のことを「新聞切者」と呼んでいます。

その新聞切者の名前を、記事の横に書くようにしてください。「実名はいやだ」という人は匿名でも構いません。

Q31

「ツッコミ」とは何ですか？

ツッコミというのは、その記事への感想のことです。

「おもしろい！」「どうして？」「いいね！」「何だか変」「本当？」「これは大事！」「ビックリ！」「そんなバカな」といったような一言でも、言葉があるだけで、新聞切者の「感情」や「記事を選んだ理由」が表れます。

「この記事は○○さんが大事だと思って選んだのだな」とわかると、おはなしタイムに参加していない読者も、より記事の内容を消化しやすくなり、興味を持てるようになります。

Q32

⑤「イラスト」も描かなければいけませんか？

若者や学生、子どもたちと一緒にまわしよみ新聞をやってみると、自然とイラストを描く子が出てきたりします。

見事に記事の内容をイラスト化したり、写真を模写したり、タレントや芸能人の似顔絵を描いたり、アニメのキャラクターを描いたり、4コマ漫画を描いたり。みんな絵心、遊び心があって、クオリティが素晴らしい。

文字を読むのが苦手でも、ビジュアル化することで、その記事を理解しやすくなるようです。

こうしたイラストは、あってもなくても構わないのですが、何かイラストがあると、壁新聞が映《は》えて目立ちます。そうすれば、通りすがりの読者が「なんだこれ？」

と足を止めて、まわしよみ新聞（壁新聞）を読んでくれるかもしれません。

ひとりでも多くの読者に読んでもらいたいので、まわしよみ新聞では、こうしたイラスト化、ビジュアル化、デコレーション（装飾）は大歓迎です。そのためにも**カラフルなペンを用意しておくことをオススメ**します。

Q33

なぜカラフルなペンがいいのですか？

ぼくが壁新聞をつくる際は、なるべく黒ペンは使わないようにしています。

新聞記事は黒インキで細かい文字が書かれているので黒っぽく、どこか重たくて冷たい印象があります。なるべくカラフルなペンで書きこんで、**明るくて、柔らかい雰囲気**を出すほうが、いろんな人が足を止めて、壁新聞を読んでくれます。

Q34

おはなしタイムで紹介できなかった記事があるのですが、貼ってもいいのでしょうか？

もちろん、グループで話し合って、貼って構いません。いろんな記事がある方が、にぎやかな紙面になりますから。

Q 35

新聞づくりタイムは何分くらいですか？

「まわしよみタイム」「おはなしタイム」と同じで、「新聞づくりタイム」も、主催者の都合や自由裁量で時間を決めて構いません。

実作業をともなうので、ぼくはおおむね**30～40分**を目安にしています。

Q 36

完成した壁新聞を、どうすればいいですか？

可能なら、**できあがった壁新聞をどこかに掲示**してください。

まわしよみ新聞は「みんなで新聞をつくって終わり」ではなくて、**「世間の人に発表して、みんなでつくった壁新聞を読んでもらう」**ということを重要視しています。その場を訪れた人や通りすがりの人などに、みなさんの壁新聞を見てもらえる機会をぜひともつくってください。

まわしよみ新聞は、新聞づくりの場ですが、やはり**「だれかに読んでもらいたい」という意識を持って新聞づくりをすることが大事**だろうと思います。そうしないと、独りよがりな新聞や、身内ノリな新聞で終わってしまいます。

新聞はいろんな人に読まれて、はじめて新聞たりえますから。**「読者」（まだ見ぬ他者）を意識して、まわしよみ新聞を作成する**ことを常に心がけてください。

ただし、できあがった壁新聞をコピーしたり、インターネットにアップロードすることは、著作権侵害にあたることもありますから、詳しくは**Q37**、**Q38**を読んでください。

その他

さて、これでいよいよまわしよみ新聞（壁新聞）が完成しました。やってみると、意外と簡単にでき上がったと思います。

最後に、準備や作成に関すること以外に、よく聞かれる質問についてお答えします。

Q37

新聞記事を切り取って、紙に貼りつけて、みんなで回し読むことは、著作権法違反になりませんか？

著作権法違反にはなりません。新聞を購入して、記事（現物）を切り取っているので、それを何万人に回し読ませても、著作権法違反にはなりません。ただし、現行法では、コピーした新聞記事を回し読ませると、違反になります。また記事をスキャンしてインターネット上にあげる行為などもＮＧです。

Q38

まわしよみ新聞をネット上にアップロードしても大丈夫ですか？

切り取った新聞の記事本文が読める状態でインターネット上に公開することは、著作権法違反になります。ですので「参加者のみんなでつくったまわしよみ新聞（壁新聞）です」というふうに、全体の雰囲気がわかる程度の画像のみをあげるようにしてください。

Q 39

過去、どんなところでまわしよみ新聞をしましたか？

「いつでもどこでも」のうたい文句の通り、北は北海道から南は沖縄まで、ありとあらゆる場所で行いました。カフェ、バー、食堂、商店街、新聞販売店、公園、空き家、コミュニティ・スペース、ゲストハウス、ホテル、神社、寺院、病院、老人ホーム、障害者福祉施設……などなど。

幼稚園、小学校、中学校、高校、専門学校、大学といった教育機関も多いです。最近はビジネスの現場でも取り入れられていて、いろんな会社やビジネススクールでも実施されています。

意外なところでは「電車の中」や少年院なんていうのもありました。また海外では韓国・釜山や台湾・桃園などでも実施されたことがあります。

Q 40

なかなか人が集まりません……。

ぼくも最初はそうでした。2012年9月29日から大阪・釜ヶ崎《かまがさき》の喫茶店でまわしよみ新聞を実施しましたが、最初は、お客さんは連日、ゼロ(笑)。お店の店長とふたりきりで「タイマンまわしよみ新聞」なんて言って遊んでいました。

しかしつくった壁新聞を店に貼って「まわしよみ新聞やってます！」とブログやフェイスブック、ツイッターなどで広めていたら、ひとり増え、ふたり増え……という感じで参加者が増えていき、常連も出てきました。

最初は「まわしよみ新聞」といっても、何をするかわからないので、集客には苦労するかもしれません。こういうとき、大阪弁では「ぼちぼち、やってみなはれ」と言います。地道に、コツコツと、ムリのない範囲で、やってみてください。

Q41

まわしよみ新聞をNIEに取り入れたいのですが、成績のつけ方がわかりません。

まわしよみ新聞は、いろんな方に実施されていくうちに、教育関係者に注目されはじめ、NIEの現場でも使われるようになりました。

ぼくはもともと、まわしよみ新聞は「一種の新聞遊び」と思っていましたから、教育に使われるなんてことは想定していませんでした。ですから、「まわしよみ新聞は〝みんなでつくる〟ので、個々の生徒の力量がいまいちわからない。だから個別の評価ができないし、成績がつけられない」という先生方の悩みの声を耳にしたとき、ほとほと困り果ててしまいました。

すると、ある時、別の先生から「それなら**ルーブリック評価**がいい」と教わりました。

ルーブリック評価とは、先生がまわしよみ新聞じたいを評価するのではなくて、参加した生徒たちに、評価基準の表をもとに**「自分は何をどこまでできたか？」**と**自己採点**させて、それを何度かやることで、その**採点の推移で評価していく**……というものです。

これならまわしよみ新聞でも評価ができますし、生徒の意欲も引き出せるのではないでしょうか。

というわけで、もし「まわしよみ新聞では成績がつけられない……」とお悩みの先生方がいたら、ぜひとも、このルーブリック評価の導入をご検討ください。

Q42

まわしよみ新聞の心に残るエピソードを教えてください。

一度、独身男女を集めて「合コンまわしよみ新聞」をやったことがあります。まわしよみ新聞は、メディア遊びで、一種のコミュニケーション・ツールなので、そうした使い方もできるだろうと思って実施してみました。

結果は大成功。会場は大盛り上がりしました。ただ盛り上がりすぎて、男女ともに全員が仲良くなってしまい、残念ながら恋人やカップルはできなかったのですが……。

しかし当時の参加者からは、会うたびに、いまだに「また合コンまわしよみ新聞をやってほしい」とせっつかれます(笑)。まわしよみ新聞は、こういう使い方もできるんだなぁ……と思いました。

全国には、他にもさまざまなアレンジを加えたまわしよみ新聞が展開されています。そのうちのいくつかを第3章で紹介しますので、ぜひ参考にしてください。

『まわしよみ新聞』
をしよう
@いわき菩提院支局
hello

第2章 まわしよみ新聞の10の「いいね！」

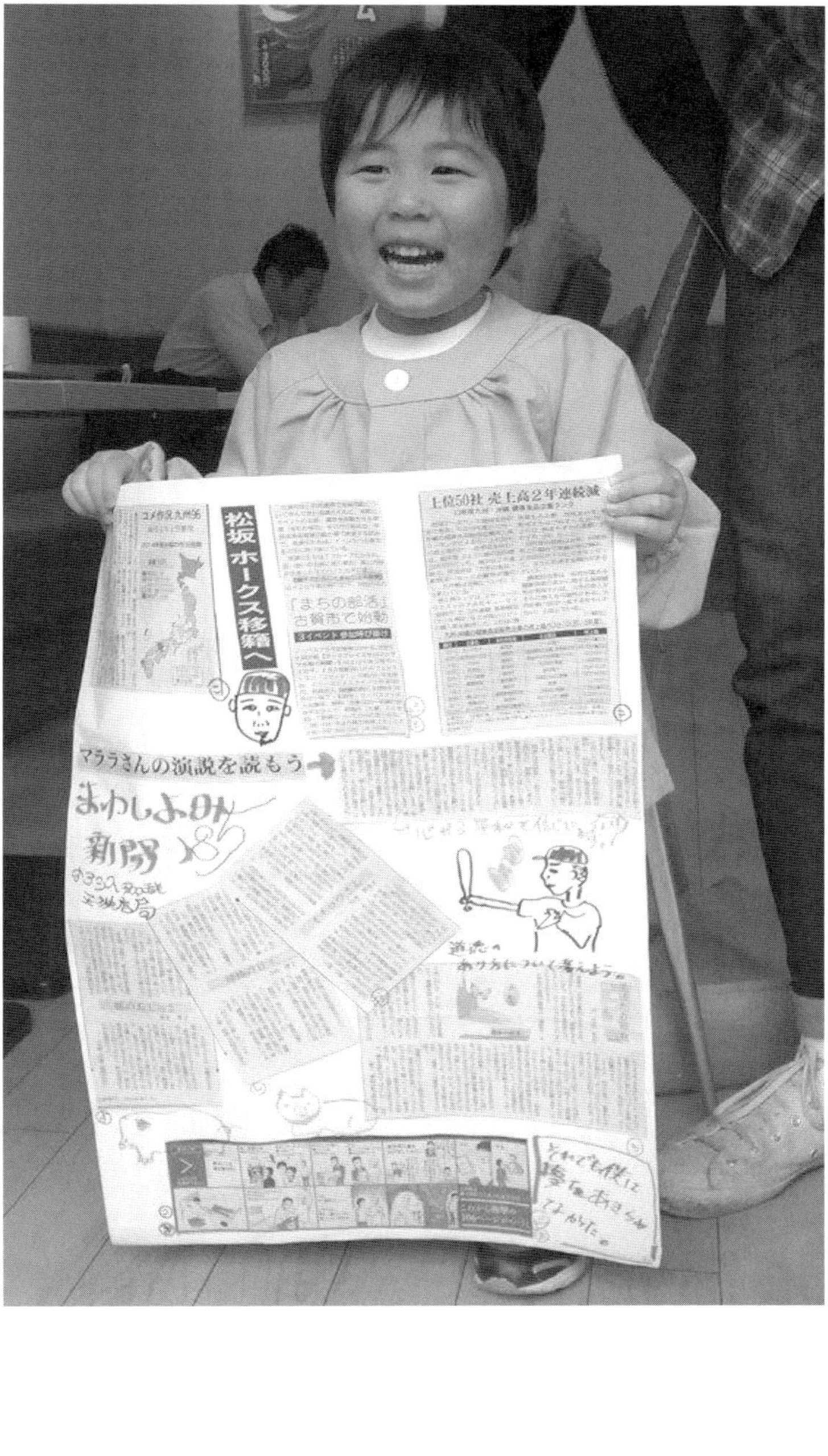

新聞を使ってみんなでワイワイ楽しめる「遊び」ができないか？　という思いつきから始まったまわしよみ新聞。

いろいろな場所で実施され、多くの人たちに参加してもらっているうちに、思わぬ効果が明らかになってきました。楽しくて、ついでに実利的な効果があるなら、一石二鳥です。

この章では、コミュニケーション・ツールとしてのまわしよみ新聞の長所や、まわしよみ新聞を通して参加者のどういうところを伸ばせるのかについて、「10のいいね！」と銘《めい》打ってご紹介します。

いいね！

1

いつでも、どこでも、だれでもできる

まわしよみ新聞の「合言葉」が、ここでも登場します。

新聞は、配達されたり、駅の売店やコンビニで手軽に手に入ります。

内容をどれだけ理解できるかは別にして、文字さえ読めれば、だれでも新聞を回し読みすることができます。新聞と人がそろえば、家庭でも、学校でも、カフェでも、公園でも、どこでもまわしよみ新聞をつくれるのです。

手軽に手に入る材料だけでできること、**参加するのに特別な資格や能力がいらない**こと、**場所の制約がほぼない**こと。とにかく思い立ったらすぐできるのが、まわしよみ新聞のいいところです。

いいね！

2

司会がいなくても、みんな平等に参加できる

まわしよみ新聞は、特別なファシリテーションが、ほぼ要りません。なぜかというと、「ノーテーマの場」だからです。

世の中には「哲学カフェ」や「ワールドカフェ」、「しゃべり場」といった対話型ワークショップが数多くあります。しかしそれらは大抵、最初に「テーマ（主題）」が設定されています。こうした「テーマ」があらかじめ設定されている話し合いの場では、「話し手」と「聞き手」に分かれ、役割が固定しやすくなります。

テーマが決まっていると、最終的にはそのテーマに関して、より豊富な知識や経験、情報量を持っている人が場を制します。知識や情報量に乏《とぼ》しい人は「間違った

ことを言ったら恥ずかしい」と萎縮《いしゅく》していまい、自分のちょっとした考えや思いつきを語ることをやめてしまいがちです。その結果、みんなの話し合いの場のはずが、一方的に話をする側と、ひたすら話を聞いている側に分断されてしまうわけです。

通常、こうした状況を打破するために、ファシリテーターと呼ばれる司会進行役が、しゃべりすぎる人の意見を要約して、やんわりと話を切り上げたり、なかなか話をしない人から上手に何かしらのコメントを引き出そうとしたり、話の交通整理をします。これにはなかなか高度な技術が必要です。

その点、**まわしよみ新聞は「ノーテーマ」に開かれた場**です。みんなが集まって、たまたま興味関心を引かれた記事について話をするだけで、その記事の中身は、どんなものでも構いません。それぞれの記事に関連性がなくてもまったく構わないのです。そのため、まわしよみ新聞では、どんどん多様な記事、多彩なテーマが出てきます。事前にコントロールできないし、そのでたらめさを許容しようという場をあえてデザインしているのです。

また、参加者全員が3枚の記事を切り取って、順番に話をしますから、だれでも同じ回数、スピーカー（話題提供者）になれるという状況を自然とつくり出せます。**話し合いのイニシアチブを握る「場の主人公」になる回数が、みんな同じだけある**ということです。発言の機会は全員、平等に与えられているので「自分も話し合いの場に参加できた」と満足度が非常に高くなります。

いいね！
3
1枚の記事で6つのアクションを起こせる

まわしよみ新聞は、たった1枚の記事を何度も何度もリユース（再利用）します。まず、その記事を読む。そして切り取る。記事を提示しながら話をする。それに対する相手の意見などを聞く。記事を紙に貼る。記事に関するコメントや感想などを書き込む。

たった**1枚の記事に「読む」「切る」「話す」「聞く」「貼る」「書く」と、6つものアクションを通して向き合います**。このように、同じ記事に何度も何度もアクセスすることで、記事の中身についての理解がより深まっていきます。

「読む」「話す」「聞く」「書く」といった基本のアクションは、教育現場などでも重視されていますが、これらに加えて、「切る」や「貼る」という手を使った作業が含まれてくるのが、まわしよみ新聞のユニークなところでしょう。情報を手で触れられるモノとして扱うことでも、いろんな気づきや発見があります。

いいね！
4
特技を生かして共同作業ができる

まわしよみ新聞では、新聞を「読む力」を養い、記事について「話す力」を鍛《きた》えますが、さらに壁新聞をつくるものづくりの場として、「つくる力」も磨きます。テーブルの上に出てきた十数枚の新聞記事を、改めて再編集して、一枚の壁新聞にするのにどういう紙面がいいか、みんなで話し合って決めていきます。

まわしよみ新聞をやっていて感じるのは、「話をすること」はあまり上手ではなくても、たとえば新聞を「読んで」小さくてもおもしろい記事を見つけたり、新聞を「つくること」に関しては素晴らしいセンスを持っている人がいるということです。レイアウトがうまく、記事をイラスト（漫画）化して、すらすらと描ける人がいたりします。話が苦手でも、こういう場面で自分の能力を発揮できるのは素晴らしいことです。

さきほども述べたように、**ひとつの記事について6つものアクションがあるので、だれでも何かしら自分を活かせる作業があります**。発言の機会だけではなく、記事を選ぶセンスや紹介のしかた、編集のしかた、紙面のつくりかたなど、6つのアクションのうちどこかで「場に参加できた」「貢献できた」という実感を得られます。

どの作業も飛び抜けて得意なことはないと感じる人もいるかもしれませんが、複数の他者との間で6つものアクションをこなせるのは、それだけで十分に高いコミュニケーション能力を持っていると言えるでしょう。

いいね！

5

情報の編集力を磨ける

まわしよみ新聞で壁新聞をつくるとき、数が多くて、全部の記事を紙に貼れないこともあります。このとき、どの記事を貼ってどの記事をあきらめるかという記事の取捨選択が発生しますが、重要な記事、掲載したい記事など選んだり、泣く泣く外したりすることは、非常に大事な編集能力です。

かつて車のオーディオがカセットテープだった時代、ぼくはデートに行くとなると、自分のお気に入りの曲を編集して、90分のカセットテープをつくったものです。

全部入れようとすると、3分足りなくなったりして、どの曲を捨てるか選ばないといけない……と徹夜で四苦八苦しました。

現代の、気に入った音楽をとりあえずダウンロードして、検索やランダム再生で聴くのが当たりまえの世代は、情報（曲）の順番や配置や優劣を考えて、並べ替えたり、組み替えたりといったことをあまり意識しないかもしれません。

しかし本当は、**情報というものは、「どういうふうに並べるか、繋《つな》げるか」が非常に重要**です。情報をどのように関連づけるかによって、情報は単なる情報にとどまらずに、メタ化（高次化）して文脈ができ、「物語」になります。

このような情報の取捨選択、編集は、「限られたサイズの紙」「90分のカセットテープ」といった空間的、時間的な制限があるからこそ発生します。制約の中でやりくりしようとすることが、編集力を鍛えることに繋がるのです。

いいね！

6

みんなで「新聞」を読むことで、自分の世界を広げられる

インターネットは「検索性」に優れたメディアです。自分の興味関心のある分野や語句、キーワードを検索すれば、厖大《ぼうだい》なデータベースから関連する情報を手に入れることができます。

しかし検索性に優れすぎているがゆえに、自分の興味関心のあるキーワードばかりを検索して、いつのまにか自分の世界観を狭めてしまう……といった弊害が起こりやすいメディアでもあります。最近のシステムでは、過去の検索や表示結果のデータをもとに広告やニュースが選択されて出てきますので、その傾向はますます顕著

になります。

「好きだから」といってお肉や甘いものばかりを食べていると、どんどん太って、メタボになって健康を損なうように、自分の興味関心のある情報ばかりにアクセスしていると、知識はどんどん深まりますが、自分の世界観は必然的に狭くなってしまって社会性を損ねかねません。**インターネットは「情報のメタボ化」、「情報の偏食」が起こりやすい**。これはインターネットの構造的な弱点であり、問題です。

それに対して**新聞は「総覧性」に優れたメディア**だと言われています。新聞を開くと、政治、経済、国際、社会、社説、事件、事故、コラム、書評、読者投稿欄、広告、天気予報、テレビ欄、ラジオ欄、囲碁将棋、4コマ漫画……と扱っている情報の分野は多岐《たき》にわたります。つまり、「世の中のいろんな出来事を広く浅く知る」には新聞の方が便利で優れているのです。

しかし、新聞がどれだけ総覧性に優れているメディアであっても、読み手がひとりでは、やはり、切り取る記事に「偏り」が出てきます。自分の興味関心がある記事にばかり目が行き、狭い世界から抜け出せないのです。世界観を広げるためには、自分の興味関心の範囲外の情報と出会う機会をつくることが何よりも必要なのです。

その点、まわしよみ新聞では、複数の人間で回し読みすることで「(自分は興味がないが)こんな記事もある」「(自分では見つけられなかったが)こんなニュースもあった」といったメディア体験ができます。

ひとりだけではなく、複数人でまわしよみ新聞をやることで、世の中の動向をより高く、広く、さまざまな視点から見られるようになるわけです。

いいね！

7

世間を語りながら自分を語り、他者を知る

近年、「自分語り」、つまり自分の個人的な趣味や気持ちについて話す自己開示が苦手な人が増えていっているようです。

インターネット上では、自分の興味関心のある事柄を深掘りして、豊富に情報を入手できますし、検索すれば同じような趣味の人と出会えるし、地球の裏側にいるマニアと繋がることだってありえます。

しかし実社会、実生活は、そういった「同好の士」ばかりではありません。地域や学校や会社や自分の所属するコミュニティには、いろんな「他者」が満ちあふれています。興味関心がぴったりとマッチする人はなかなか出会いません。

「クラスメイトに自分の好きな戦車の話をしたら、全く相手は興味がなくて、『ふーん』のひとことで終わった」といった悲しいコミュニケーション不全の経験をすると、自然と「自分語り」をしなくなり、どうやって他者と会話をすればいいのかわからなくなるわけです。特に初対面の人と話をするのが苦手だという人は多いようです。

初対面の人と話をするときに必要なのは、じつは「自分語り」ではなくて「世間語り」です。「今年は花粉症が大変らしいですね」とか「そろそろ天神祭の時期ですね」といった、何てことのない、あたりさわりのない話題から、他者との繋がり、話の糸口というのは始まるわけです。

そうした「世間語り」のネタが山ほど掲載されているメディアが、新聞です。まわしよみ新聞は、自分の興味関心のある記事を切り取って提示するので、一見すると「自分語り」のように見えますが、切り取るソースは「新聞」なので、その記事

は少なからず世間的、社会的、公共的な性質を帯《お》びています。**「自分語り」でありながら、しかし「世間語り」でもある**のです。

ストレートに自分の趣味の話をすると、ひとりよがりで、他者から共感を得られず話が進まない。かといって、世間のニュースにことさら詳しいわけでもない。そういうときに、「新聞の中からたまたま見つけた自分の興味関心のある記事」について話すと、それは「世間の話題」でもあるので、他者から共感を得て話が進みやすいというわけです。

いっぽうで、まわしよみ新聞はやはり「自分語り」でもあるので、「自分が興味関心を覚えた記事」を2枚、3枚……と出して話をしていくと、自然と、その人の趣味や思想や考え方のようなものが滲《にじ》み出てきます。「あ、こういうことに興味がある人なんだな」「そういう考え方をするのか」といったことから、その人となりやキャラクター、パーソナリティがおぼろげながらわかってくるのです。結果として、まわしよみ新聞は「他者」を知るコミュニケーション・ツールとなりえます。

新聞はこれまで「情報を入手するメディアツール」でしたが、まわしよみ新聞は、それを「参加者どうしでいろんな会話をする交流ツール」に変えたのです。

いいね！

8

「小さい共感」が「話す力」に繋がる

まわしよみ新聞では「自分が興味関心を覚えた記事」について自由に話をすることが許されています。しかし、その記事は他の参加者にとっておもしろいかどうかはわかりません。ですから、自分が切り取った記事のおもしろさを他者に伝えよう

とする努力が必要になってきます。何だか難しいことのように感じますね。

しかし、まわしよみ新聞はそもそも、相手の興味関心を引き出しやすい構造になっています。というのも、新聞にはいろんな記事が掲載されていますが、「自分の興味関心にピッタリの記事」というのは、なかなか見当たりません。まわしよみ新聞で切り取られる記事は、じつは「強いていうなら関心がある」程度の内容であることが多いのです。

例えば怪獣映画の大ファンだという人が、怪獣映画の記事を発見したとします。その記事について語るとなると、自然と「情熱」や「好きという感情」が溢《あふ》れんばかりとなって、聞いている方はそれ以上、つけ足して話をすることができなくなってしまいます。「１００パーセント大好き！」という記事を提示されると、そのエネルギーの過剰さに聞いている他の参加者は圧倒されるわけです。これはコミュニケーションとしてなかなか難しい状況です。

しかし、まわしよみ新聞で切り取られる記事の内容は「好きの度合いが低い」わけです。たまたま開いて読んでみた新聞から切り取った記事ですので、そこには「１００パーセント大好き！」はほぼありません。記事に対する沸点が低いので、聞いている方も身構えることなく「へえ。おもしろいねぇ」とスムーズに共感できます。

自分が何気なくおもしろいと思った記事を、他者も何気なくおもしろいと共感してくれる。

他者と話をするときは、こうした「小さな共感」がとても大事です。それを積み上げていくことで、だんだんと仲良くなっていくのです。

まわしよみ新聞は、このような「小さい共感」をどんどんと積み上げていく場です。こうして自分で選んだテーマで、他者から共感を得られる体験をすると、自分から話題を投げかけることの喜びに繋がるし、他者と話す自信もついてきます。結果として「話す力」に繋がっていくといえるでしょう。

いいね！

9

メディア・リテラシーを育てる

まわしよみ新聞は、いろんな新聞を持ち込んで実施します。読売・朝日・毎日・産経・日本経済新聞といった全国紙はもちろんのこと。地方紙やスポーツ新聞、業界新聞など、どんな新聞を使っても構いません。

各種の新聞を回し読みしていると、同じ事件やニュースでも、各紙の記事内容や表現が微妙に、時にはまったく異なることに気づきます。各新聞社の報道姿勢のようなものが自然とわかってくるのです。その日の一面を見比べるだけでも、いろんな気づきや発見があるでしょう。

そうして2紙、3紙と回し読みしていると、ただ漫然と新聞記事の内容を受け取るのではなくて、**主体的に、批判的に、いろんな記事を見比べて、情報を読み解いていく力（メディア・リテラシー）がしだいに育成されていきます**。

あるいは、一紙だけでも、大勢の人間と一緒に読んで話をすれば、それなりにリテラシーは養われていきます。各家庭で一紙は新聞を取り、その新聞を祖父、祖母、父、母、おじ、おば、兄、姉、自分、弟、妹……と家族全員で回し読みしていた時代には、食卓を囲む席で新聞記事の話題になることもあったでしょう。ひとつの記事に対して「祖父は賛成で、母は反対だけど、兄は賛成でも反対でもなくて別の意見」などと、バラバラの感想が出ることもあったでしょう。そうやって自分とは異なる意見を聞くことで、「そういう読み方もあるのか」と多様な視点が自然に獲得できたわけです。

しかし時代が下るにつれ、大家族は核家族化し、ひとり暮らしの人も大幅に増えました。そうした家族構成では、仮に新聞を購読していても、意見を言い合えるような相手がいませんし、そもそも新聞を取らないという人も増えてきました。加えてインターネット社会の到来で、自分の同好の士、趣味の合う人とネット上で交流してそれで満足してしまい、自分と意見の異なる人や「他者」と出会う機会を持たない傾向はますます顕著になりつつあります。

まわしよみ新聞は「多様な他者」と一緒に、「多様な新聞」を回し読みして、どんなことでもいいから「多様な話」をしていこうという場です。これほど「多様な視点」を獲得できる場はなかなかないでしょう。

いいね！

10

その場にいない他者にもコミュニケーションを開く

じつは、まわしよみ新聞は「参加者どうしの交流ツール」であると同時に、その場にいない「非・参加者への広報ツール」にもなります。

参加者どうしが気軽におしゃべりをするワールドカフェや、自由に意見を交換し合って考えを深めていくブレインストーミングはいろいろなところで行われています。しかし、仮にその場のやりとりを模造紙などにまとめたとしても、それは基本的にみんなの意見を「見える化」して思考を整理するためのものであって、外部に

向けたものではありません。

いっぽう、**まわしよみ新聞は、みんなでつくった壁新聞を、「その場にはいないだれか＝他者」に向けて発信することを非常に重要視しています**。「つくった壁新聞を人通りの多い場所に貼ってほしい」とお願いしているのはそのためです。

記事をイラストや漫画化したり、記事へのコメントやツッコミなどを寄せ書きしたりするのも「だれかに読んでもらいたいから」です。「つくったら終わり」では「新聞を作成したが、どこにも配達しない」ようなもので、それでは新聞は新聞たりえません。

まわしよみ新聞でできあがった壁新聞ほど、「まわしよみ新聞」がどういうものかをわかりやすく示してくれるものはありません。みんなで新聞を回し読み、記事を切り取って話し合い、協力しながら壁新聞をつくりあげた記録そのものなので、**その場にいなかった他者にも多様な視点を投げかけ、その人の世界を広げることができる**のです。さらには、まわしよみ新聞の活動に興味を持って、次回参加してくれるかもしれません。

まわしよみ新聞は、参加者だけでなく、その場にいなかった他者にもコミュニケーションの扉を開いているのです。

第3章

事例紹介　まわしよみ新聞の現場から

スタンダードなまわしよみ新聞の実施方法を説明してきましたが、実際にはどんなまわしよみ新聞が行われているのでしょうか。

第3章では、独自のアレンジを加えた国内外のユニークなまわしよみ新聞事例をご紹介します。

ケース
1

教育の場でつくる①
富岸《とんけし》小学校（北海道登別市）

できあがった新聞をみんなの前で発表する。

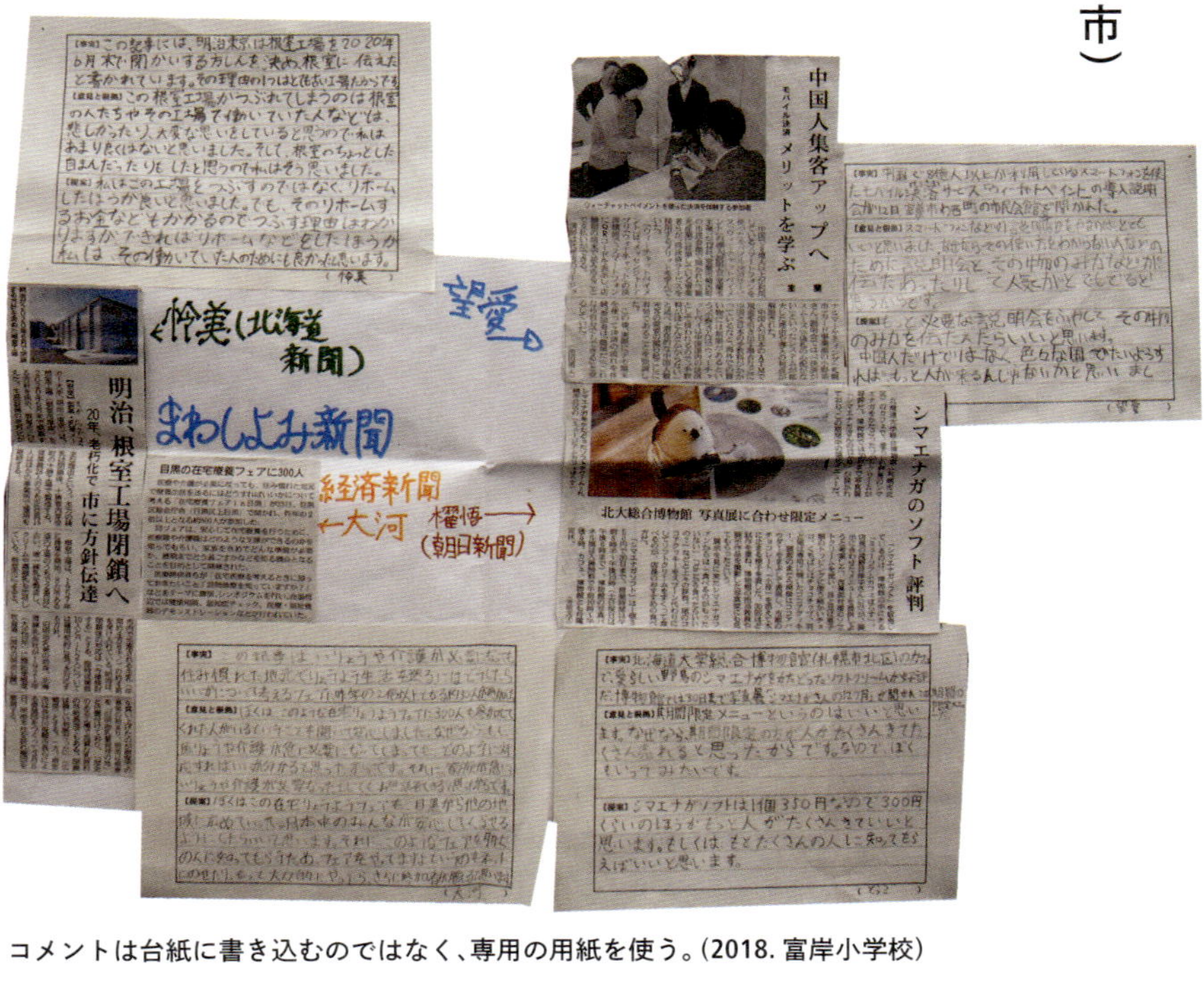

コメントは台紙に書き込むのではなく、専用の用紙を使う。（2018. 富岸小学校）

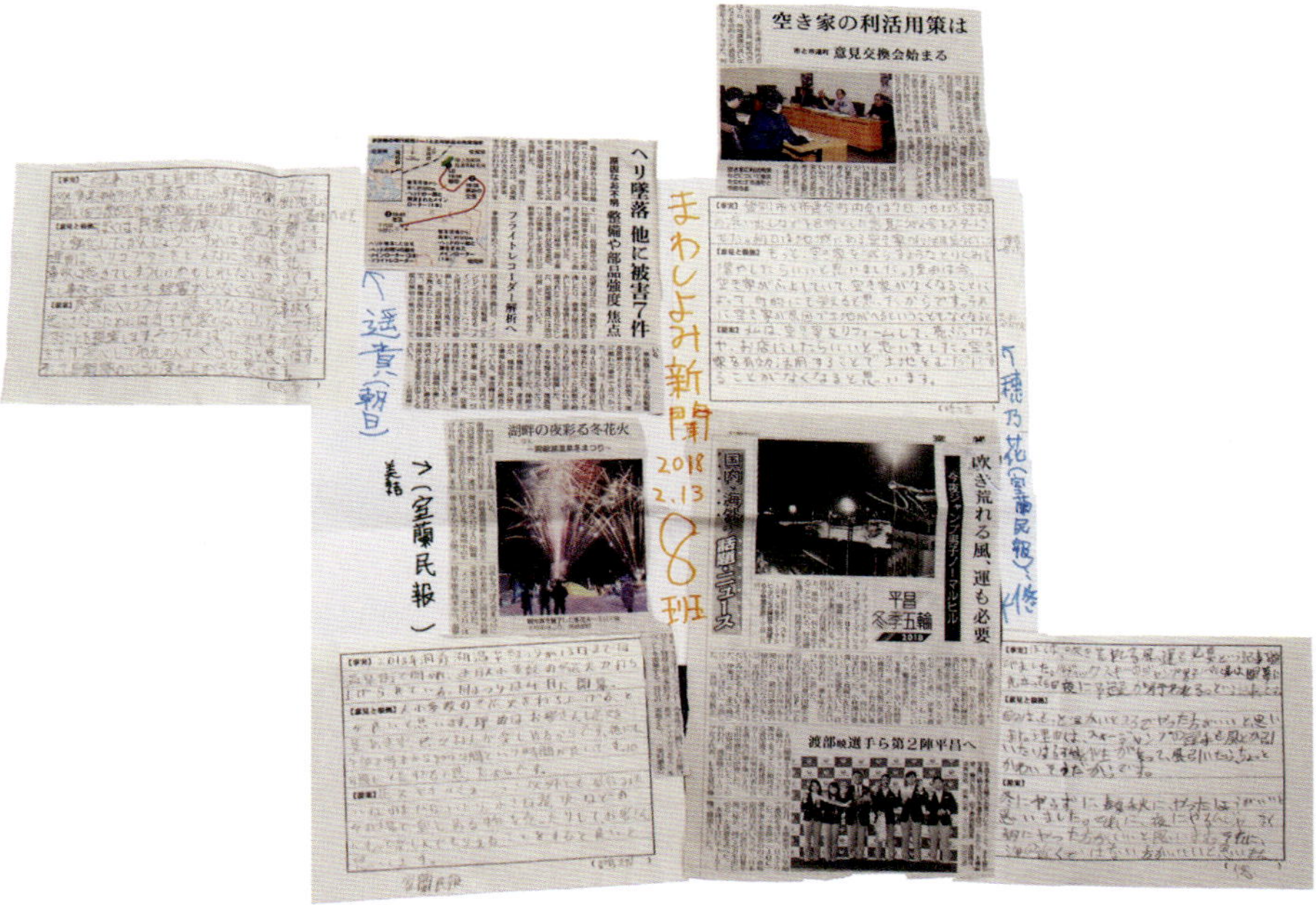

用紙から大きくはみ出す貼り方が特徴的。
(2018.02.15. 富岸小学校)

まわしよみ新聞制作のようす。2018年4月からは学年90名全員で実施することになった。

毎日欠かさず、まわしよみ新聞

ケース1　教育の場でつくる①

富岸《とんけし》小学校（北海道登別市）

富岸小学校◎１８９６年、室蘭郡私立チリ別小学校分校として創立。後に公立校として独立し、数回の移転や統合、改称などを経て、現在登別市立富岸小学校。たびたび教育実践研究奨励校に指定されている他、「地域とともにある学校づくり」を合言葉として、保護者や地域の人々が積極的に教育活動に関わる多彩なコミュニティスクール事業を展開している。

ここまで本書を読んでくださったみなさんはご存知の通り、まわしよみ新聞はひとりきりではできません。いつでもどこでもだれでもできるのが特徴ではありますが、人と人とが顔をつき合わせて新聞を読み、記事について話し合い、新たな新聞をつくる作業を継続して行うことは、それなりの根気や準備が求められます。

ですから、まわしよみ新聞を毎日発行している小学校があると北海道新聞の方から連絡を受けたときは、信じられない思いでした。しかも、毎日たくさんの行事を抱えている小学校で、です。どうすれば、そんなまわしよみ新聞が可能なのでしょうか。登別市立富岸小学校で日々のまわしよみ新聞のコーディネートをしている牧野《まきの》広太《こうた》先生にお話を伺いました。

輪番制でまわしよみ新聞をつくる

陸奥　そもそも牧野先生は、どうやってまわしよみ新聞を知ったのでしょうか？

牧野　北海道新聞の記事がきっかけです。その後、陸奥さんが２０１４年に自主制作された『まわしよみ新聞のすゝめ』も読みました。

陸奥　そうでしたか、ありがとうございます。聞くところによれば、牧野先生は毎日、まわしよみ新聞に取り組ませていると聞いたのですが……。

牧野　私が担当している6年生のクラスは30人ほどの児童がいるのですが、3～4人で1チームをつくっています。8班できるので、その輪番制でまわしよみ新聞をつくっています。

陸奥　なるほど。輪番制なんですね。では8日に1回、まわしよみ新聞をつくる当番が回ってくるということですか？

牧野　そうですね。学校が休みのときもあるので、大体、10日に1日ぐらいのペースで、月に3回はまわしよみ新聞をつくる担当になります。「今日は自分がまわしよみ新聞をつくる日だ」となると、朝早くに登校してくる児童もいます。

陸奥　なるほど。早朝の時間にやるわけですか？

牧野　朝の会が始まる20～30分前に、みんなで新聞を持ち寄って記事を切り取ります。あとは休み時間を使って、「事実の要約」「意見と根拠」「提案と理由」「反論と回答」といったメモを書かせています。そうやって記事とメモを貼り合わせて新聞づくりをして、帰りの会で発表するという流れです。

陸奥　メモまで書くんですね。すごく大変な作業で、負担になりそうですが……。

牧野　最初は大変そうでしたが、慣れれば、輪番制で10日に1日のペースだから、それほど負担ではないようです。それに、まわしよみ新聞は、自分たちで記事を選べますから。自由にどんな記事を選んでもいいので、そこが児童にはいいみたいですね。

陸奥　自分の興味・関心のある記事を選べるから、押しつけられた感じがしないのかもしれませんね。

牧野　これが教科書の文章だったら、とても大変だろうと思います。子どもたちが自分たちで記事を選ぶから、子どもの世界に近い記事が選ばれます。身近なテーマなので、話もしやすいし、まとめやすいんです。

クイズを通して「聞く力」も育てる

陸奥　帰りの会のときにまわしよみ新聞を発表して、それで終わりですか？

牧野　いえ。まわしよみ新聞の発表の最後に、内容に関連するクイズを出させています。今の子どもたちは、どうも〝聞く力〟が弱まっているな、という気がしているので。

陸奥　なるほど。そうやって他の児童がちゃんと話を聞いていたかをチェックするわけですか。クイズにすると、遊びの延長線上でいいですね。

牧野　それに、できあがったまわしよみ新聞は、クラスの後ろの掲示版に貼っています。昨年の2学期終わりごろは、もうまわしよみ新聞だらけで貼れないぐらいになっていました。今では学年全体で取り組んでいるので6年生の廊下は新聞だらけです（笑）。

陸奥　つくったまわしよみ新聞をどこかに貼っておくと、子どもたちは勝手に記事を読めるし、それがまたいろんな気づきや発見に繋《つな》がりますね。

新聞というメディアに慣れ親しんでいく

牧野先生自身、この試みを始めた当初は、まわしよみ新聞をつくることに子どもたちが抵抗するのではないかと不安もあったそうですが、実際に始めてみると、まったくそういった声は聞かれないそうです。それどころか、こうしてまわしよみ新聞を毎日発行しているうちに、着実に子どもたちは、新聞というメディアに慣れ親しんでいくようです。

牧野　最近、子どもたちに新聞に投稿してみようと呼びかけたんです。

陸奥　読者欄などに投稿するということですか？

牧野　7、8名がやろうと名乗りをあげてくれたので、おのおの500字ぐらいの原稿を書いて新聞社に送ってみました。

陸奥　牧野先生が呼びかけたとはいえ、小学生が新聞に投稿しようという意欲を見せるのは驚異的なことだと思います。投稿した子どもたちの記事が新聞に載ったら、それを使ってまた、まわしよみ新聞をつくれそうですね（笑）。

牧野　まわしよみ新聞を通して、読む力や聞く力、書く力をつけて、新聞に投稿する。子どもたちがそうやって新聞に親しんで、自分の世界を広めてくれるようになれば、嬉しいと思ってます。

ケース
2

教育の場でつくる②
福間《ふくま》中学校（福岡県福津市）

福間中学校での300人まわしよみ新聞のようす。生徒たちのグループに地域の方が加わる。

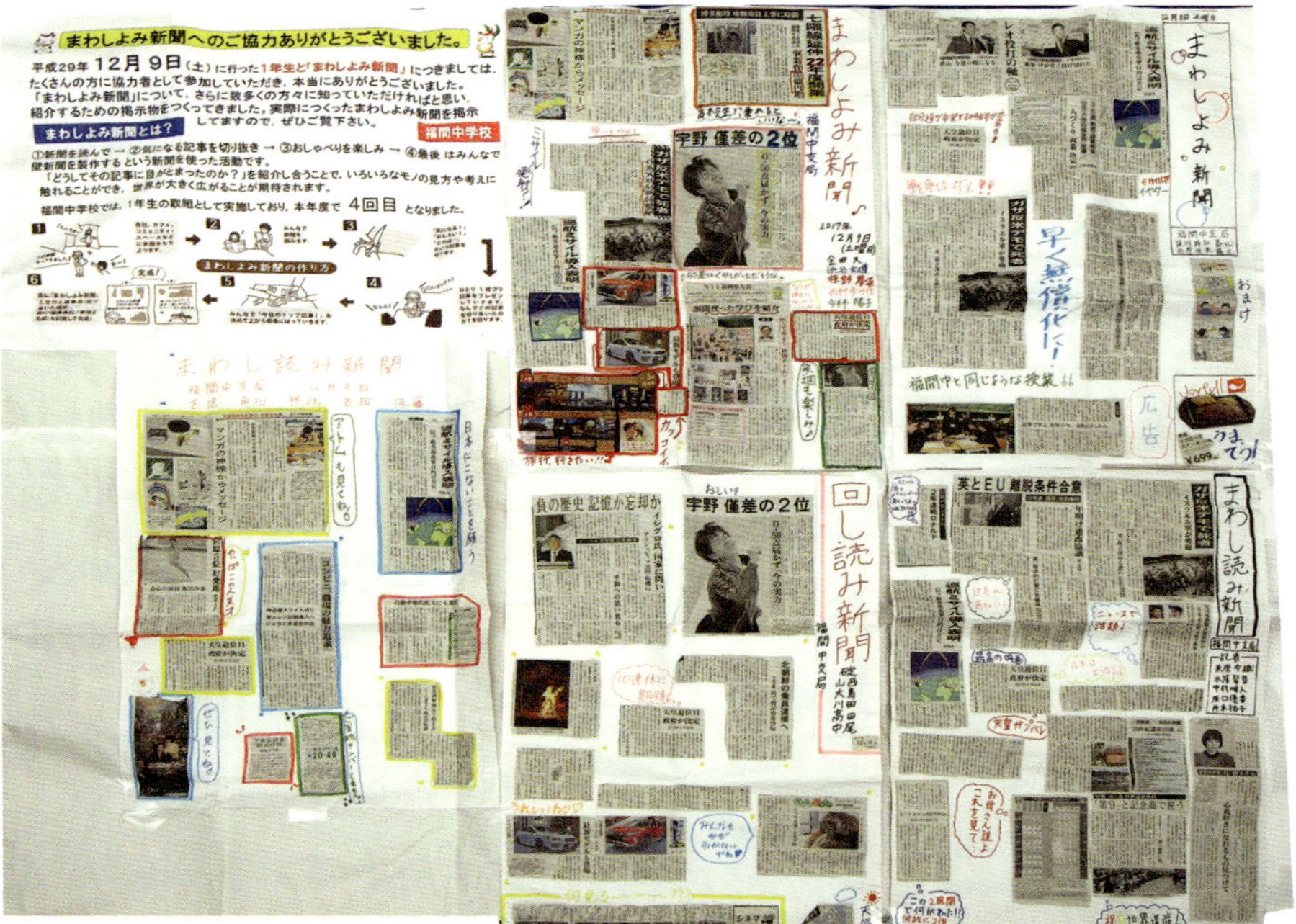

各グループで制作したまわしよみ新聞を貼り合わせて巨大な壁新聞をつくり、掲示する。
(2017.12.09. 福間中学校)

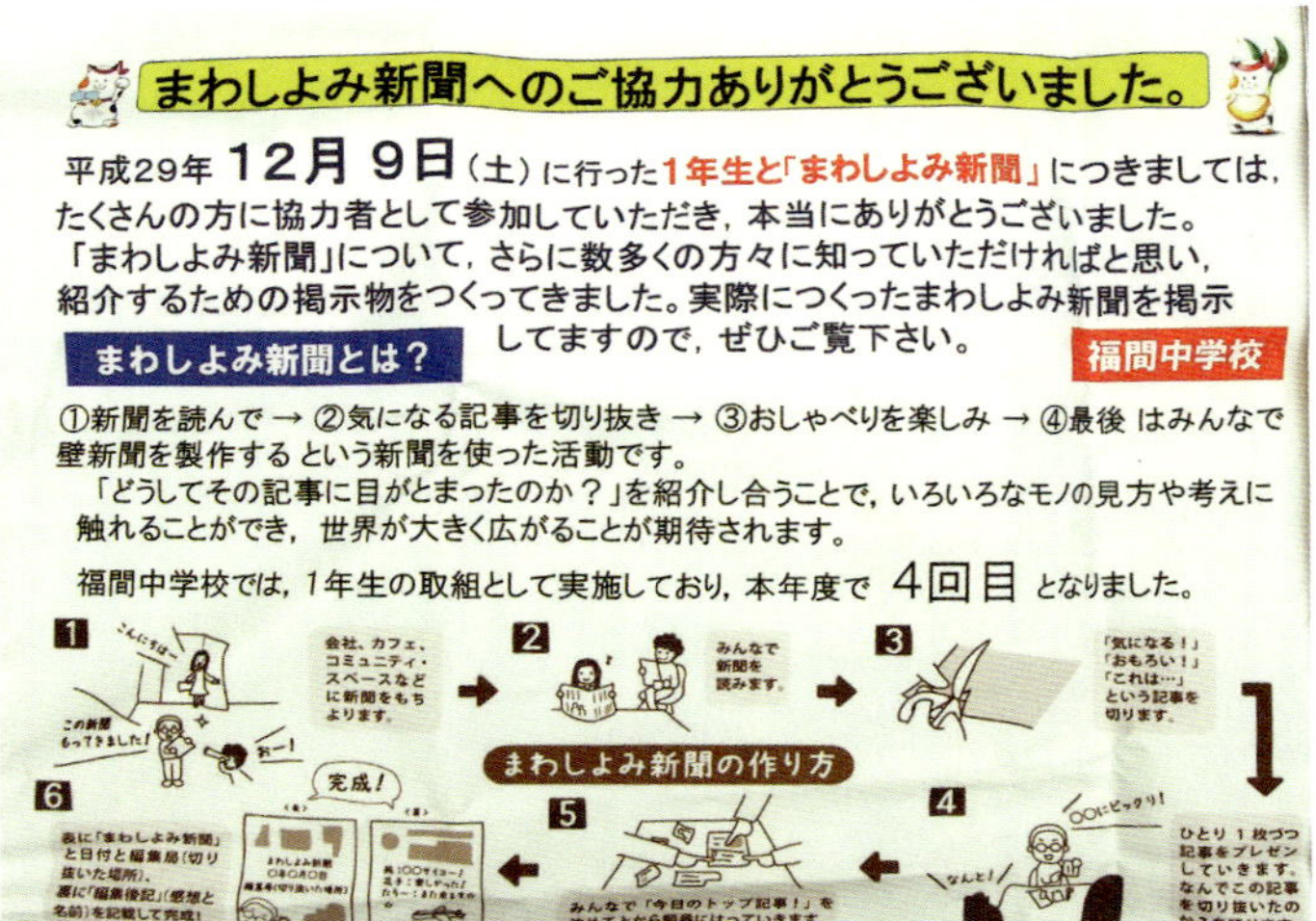

地域の方に向けて活動を発信するための解説文がついている。

300人でつくるまわしよみ新聞

福間中学校◎1947年創立。2005年、新市誕生にともない福津市立福間中学校となる。2011年には、市の施策により「コミュニティスクール」の指定を受け、「300人まわしよみ新聞」を始めとするさまざまな特色ある教育活動を通して地域に開かれた学校を目指している。

ケース2　教育の場でつくる②

福間《ふくま》中学校（福岡県福津市）

まわしよみ新聞は基本的に「4人1チーム」でつくりますが、会場の都合がつけば何名でも参加可能です。筆者自身も過去には100名以上で実施したことがありますが、300人という驚異的な大人数でまわしよみ新聞を実施しているのが、福岡県福津市にある福間中学校です。

ここで行われている「300人まわしよみ新聞」では、生徒はもちろんのこと、保護者や地域の方など、さまざまな年代、立場の人が参加し、一緒にグループを組んで一枚の新聞をつくっているのです。

2017年で4年目になるというこの取り組みについて、同校の白木《しらき》照久《てるひさ》校長先生（当時）にお聞きしました。

コミュニティスクールの実践として

陸奥　NIEでもまわしよみ新聞が取り入れられて、日本全国の小中高の学校で実施されていますが、たいてい生徒だけでつくっています。保護者や地域の方が参加するというのは、じつは非常に珍しいのですが、どうして、このような取り組みがスタートしたのでしょうか？

白木　もともと、文科省が〝コミュニティ・スクール〟という取り組みを推奨しているのです。それは、先生や保護者だけではなくて、地域の大人たちも参加して、開かれた学校として運営するべきだというものです。

陸奥　それにまわしよみ新聞が使えると？

白木　そうですね。「新聞を読んで、興味関心を覚えたり、気になった記事を切り取って、生徒たちといろんな話をして、壁新聞をつくります」というと、地域の方も何となく、生徒と具体的に何をするのかがわかるようで、それほど人集めには苦労しませんでした。

陸奥　なるほど。「話をしてもらいます」というよりも「新聞を使います」というと、確かにイメージが湧きやすいかもしれませんね。

白木　各テーブルには辞書を置いていて、もし何かわからないことがあれば、辞書を引いて調べられるようにもしてます。

陸奥　地域の方が生徒に何か質問されて困ったら辞書を引けばいいと（笑）。300人のうち、地域の方は何名ぐらい参加しているんでしょうか？

白木　生徒が240人、保護者や地域の方が60人で、計300人です。生徒たちは4人1組で60班。そこに1名、大人がつきます。大人も、じつは保護者の方が少なくて、地域の方が30名以上います。

陸奥　保護者よりも地域の方が多いんですね。ちょっと驚《おどろ》きです。

白木　4年間もまわしよみ新聞をやっていると、心待ちにしてくれる地域の方も出てきました。地域の方は入学式や卒業式などで〝ご来賓の方〟として学校に来ていたりするのですが、生徒たちと話をしたことがありませんから。生徒たちが何を考えているのか、あまりよくわからなかった。それがまわしよみ新聞で交流することができた。生徒たちと一緒になって、テーブルを囲んで、いろんな新聞記事を読みながら話ができて嬉しかった……と、そういった感想をよくもらいます。

学校、保護者、地域の接着剤に

福間中学校では、「300人まわしよみ新聞」を実施する前に、練習で「学生だけのまわしよみ新聞」も実施したそうです。しかし、「親や地域の方と一緒にまわしよみ新聞をつくる」という体験は特別なことのようで、生徒たちの意識もかなり変わってくるといいます。

陸奥　生徒たちの意識変化というのはどういうことがあるんでしょうか？

白木　少し大袈裟《おおげさ》にいうと「地域の方は、自分たちに無理解な大人や敵ではない」というのがわかってきます。昔は福間中学校も荒れていた時代もあるんです（笑）。でもコミュニティスクールでまわしよみ新聞をすると、地域の大人との交流になりますから。道端《みちばた》で会って「おはよう」なんて挨拶《あいさつ》を交わす関係性になったら悪いことはできません。心の距離が近づくんですね。

陸奥　なるほど。顔見知りになると、地域のお店で、万引きなんかできなくなるかもしれませんね（笑）。

白木　じつは生徒だけではなくて、保護者のみなさんにも、いろんな意識変革が起こります。

　自分の子どもは思春期ですから、なかなか面と向かって親と話をするというのは難しいです。でもまわしよみ新聞で自分の子の同級生と、いろんな話をしますから。そうすると、親のこと、将来のこと、世間のことや、物事をちゃんと考えているというのがわかってくるのです。

「私には言ってくれないけれども、たぶん、自分の子どもも同じように考えているのだろうな」というのがわかってくる。

陸奥　よその子と話をしながら自分の子どものことがわかるわけですね。

白木　これは生徒たちも一緒で、他のクラスの同級生の母親としゃべっていて、自分の母親の苦労や悩みを慮《おもんぱか》って反省したりするわけです（笑）。

陸奥　いい取り組みですね。家族愛や地域愛に目覚めるまわしよみ新聞。

白木　学校だけで、先生だけで、子どもたちの教育をやる時代ではありませんから。保護者や地域の方を巻き込んで、一緒になって教育をやっていく。そういう接着剤にまわしよみ新聞はなると思いますね。

ケース
3

教育の場でつくる③
白波瀬《しらはせ》ゼミ（桃山学院大学社会学部）

新聞データベースを用いて検索し、選び取った記事を説明する。

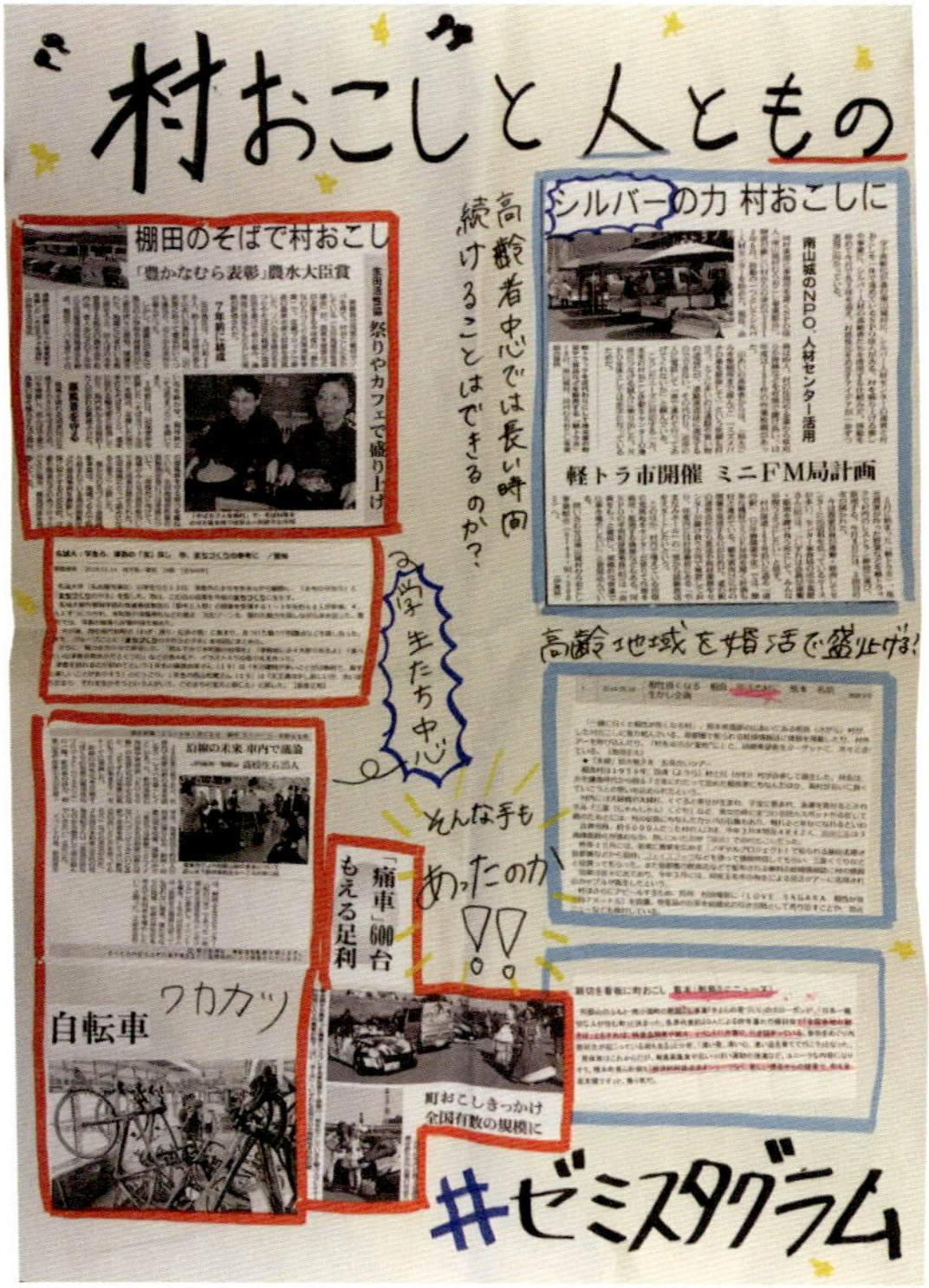

「村おこし」をキーワードにしたデータベースまわしよみ新聞。（2018.05.07. 桃山学院大学）

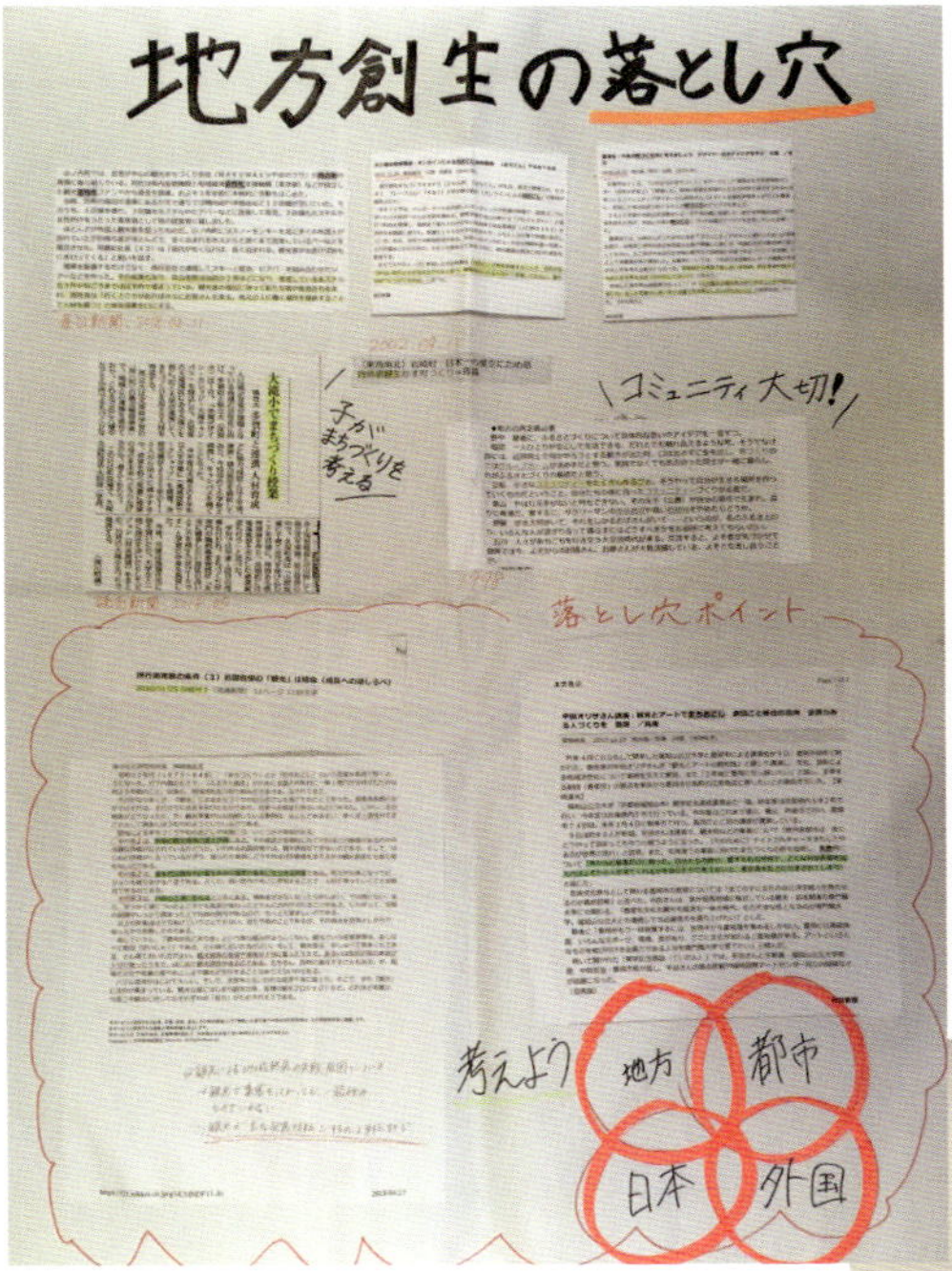

「まちづくり」をキーワードにしたデータベースまわしよみ新聞。(2018.05.07. 桃山学院大学)

まわしよみ新聞ができあがったら、
他のグループへ向けて内容を発表。

キーワードを設定しても、多様な切り口の記事が出てくる。

データベースを活用、デジタル時代のまわしよみ新聞

白波瀬達也◎1979年京都府生まれ。2008年、関西学院大学大学院社会学研究科博士課程後期課程単位取得退学。社会学博士、専門社会調査士、社会福祉士。現在は桃山学院大学社会学部准教授。2007年から2013年にかけて地域福祉施設「西成市民館」でソーシャルワーカーとして活動。専門は福祉社会学、地域社会学、宗教社会学。主著に『貧困と地域――あいりん地区から見る高齢化と孤立死』（中公新書）など。

ケース3　教育の場でつくる③

白波瀬《しらはせ》ゼミ（桃山学院大学社会学部）

まわしよみ新聞は、大学でも盛んに実施されています。なかでも少し特殊なスタイルを試みられているのが、社会学を専門とする白波瀬達也先生による「データベースまわしよみ新聞」。

過去の新聞記事を集積したデータベースでその日取り上げたいテーマ、たとえば「まちづくり」や「村おこし」といったキーワードを検索し、関連する記事をいくつかプリントアウトして持ち寄り、学生たちがディスカッションして、まわしよみ新聞を作成するのです。当日の新聞でたまたま目にする記事を使う通常のまわしよみ新聞とは異なり、事前にテーマを定めて記事を集めます。どのような効果があるのでしょうか。

専門的な論文と大衆的な新聞を交互に読む

陸奥　まわしよみ新聞と大学図書館の新聞記事データベースのリミックスというのは、白波瀬さんが元祖で家元です（笑）。これまでいろいろな勤務校のゼミで実践されたそうですが、どんな効果があるのでしょうか？

白波瀬　社会学では新聞を読むというのはとても大事な行為なんです。ですから学生たちには、当然、新聞記事データベースの使い方を覚えさせないといけません。

陸奥　まず学生たちに新聞記事データベースを使わせることが目的としてあったということですね。

白波瀬　そうです。大学では、学術論文や学術書を読むことがとても大事なんですが、最初のうちは大変です。学生たちの中には「難しくて書いていることの意味がわからない」といきなり心が折れて、頓挫《とんざ》してしまう子もいます。そういうときに新聞記事を入り口にすると、すんなりと読めるわけです。

陸奥　社会学のファースト・ステップとして新聞記事が使えると。

白波瀬　ひとりの著者が書いた専門の学術書を読むことも大事ですが、いろんな時代の、いろんな新聞社の、いろんな記者が書いた新聞記事を読むことで、視野を広げたり、着想を得られるわけです。論文1本読む時間があれば、新聞記事なら20本は読める。本1冊なら新聞記事200本は読めます。

陸奥　なるほど。学術論文は専門的な用語も多いですが、新聞記事は大衆向けだから、平易で読みやすいですよね。幅広い、多様な意見があるのがわかってくる。

白波瀬　それに、新聞記事は世間の興味・関心の度合いを可視化するものですが、学問は「いまだ十分に論じられていない領域」に着目することもクリエイティブな作業のひとつなので、そこに気づくことも重要です。

陸奥　だれも注目してないところを研究するから、その研究に学問的価値が生まれてくる。可視化されている新聞記事の間から、スキマ産業を見つけ出すわけですね（笑）。

テーマを絞《しぼ》ることで共通の土台を作る

まわしよみ新聞は、しかし「ノーテーマ」で、「何をしゃべってもいい」という気楽な雑談のデザインであることが魅力のひとつでもあります。最初にテーマを決めてまわしよみ新聞をしてしまうと、学生たちが活発に話し合えないのでは？

白波瀬　小・中・高校までは、見知った友人や知人がいて、同じまち（環境）で生まれ育ったという共通基盤があります。話をしていても、勝手に共感や共鳴が広がっていく。ところが、大学には日本全国各地から学生が来ます。そこでいきなり何か話し合いをやろうとしても、ある程度、共通基盤や土台がないと、なかなか学生はしゃべらないのです。自己開示が難しくて、できない。だからテーマを絞ることで、共通の土台をつくってチューニングを行うわけです。

陸奥　なるほど。テーマを絞ることで、話の幅を狭くして、コミュニケーションを成立しやすくすると。確かに、同じように社会学を学んでいても、学生それぞれの研究分野や関心領域は違うし、かなり細分化されてしまってますよね。

白波瀬　はい。それに、じつはテーマで絞ったとしても、新聞記事データベースを使うと、かなり幅広い情報が出てくるんです。例えば「釜ヶ崎《かまがさき》」「あいりん地区」といったキーワードで検索すると、「釜ヶ崎暴動」といった深刻な内容の記事が見つかったかと思えば、「人情味のあるまち」とか「バックパッカーだらけで国際色豊か」といった、まるで相反する記事が出てきたりしますから。

陸奥　そうか。テーマやキーワードで絞っても、何十年分も新聞記事の厖大《ぼうだい》なデータベースがあるから、時代の変遷《へんせん》が反映されていて、多様な記事が出てくる。

白波瀬　そういうのが可視化されるのが、データベースまわしよみ新聞のおもしろいところです。テーマを絞っても取り扱う時代を幅広く設定できるから、結果として、多様な記事が出て、いろんな話が可能になる。物事を多角的に見る訓練にもなります。全国各地の大学でぜひひとも導入してほしいですね。

ケース
4

教育の場でつくる④ ナーサリー富田《とみだ》幼児園（徳島県徳島市）

まわしよみ新聞の制作風景。

選んだ記事を見せ合って説明し合う。

フィリピン台風をテーマにしたときには、被害のようすや、どのような復興支援ができるかをみんなで調べ、支援活動を行った。（2017.07. ナーサリー富田幼児園）

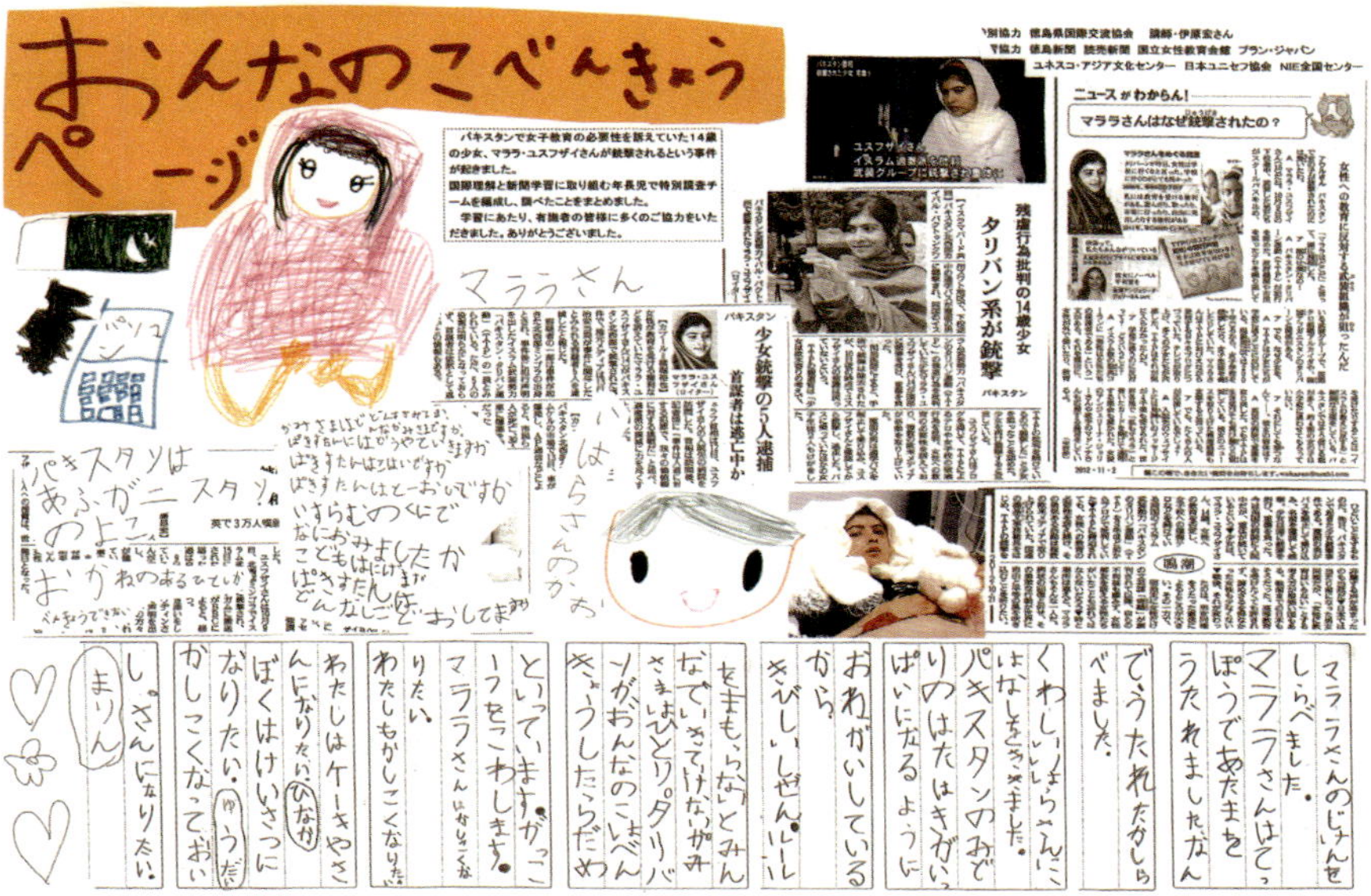

おんなのこべんきょうページ

特別協力　徳島県国際交流協会　講師・伊原宏さん
協力　徳島新聞　読売新聞　国立女性教育会館　プラン・ジャパン　ユネスコ・アジア文化センター　日本ユニセフ協会　NIE全国センター

パキスタンで女子教育の必要性を訴えていた14歳の少女、マララ・ユスフザイさんが銃撃されるという事件が起きました。

国際理解と新聞学習に取り組む年長児で特別調査チームを編成し、調べたことをまとめました。

学習にあたり、有識者の皆様に多くのご協力をいただきました。ありがとうございました。

マララさん

ニュースがわからん！

マララさんはなぜ銃撃《じゅうげき》されたの？

女性への教育に反対する武装勢力が狙ったんだ

残虐行為批判の14歳少女　タリバン系が銃撃　パキスタン

パキスタン　少女銃撃の5人逮捕　首謀者は逃亡中か

パソコン

パキスタンはあふガニスタンのよこ。

おかねのあるひていか

かみさまはどんなかみさまですか。
ぱきすたんにはどうやっていきますか
ぱきすたんはこはいですか
ぱきすたんはとーおいですか
いすらむのくにで
なにおみましたか
こどもはにげますか
ぱきすたんはどんなしごとおしてますか

いはらさんのかお

マララさんのじけんをしらべました。マララさんはてっぽうであたまをうたれましたなんでうたれたかしらべました。

くわしいじょうほうさんに、はなしをききました。パキスタンのみどりのはたはきがいっぱいになるようにおねがいしているから。

きびしいしぜん。ルールをまもらないとみんなでいきていけないかみさまはひとり。タリバンがおんなのこのべんきょうしたらだめといっています。がっこうをこわします。

マララさんはかしこくなりたい。わたしもかしこくなりたい。

わたしはケーキやさんになりたい。ひなか
ぼくはけいさつになりたい。ゆうだい
かしこくなっておいし。さんになりたい。まりん

子どもたちが興味のある事件を選ぶ。これはマララさん銃撃事件に関する記事を集めたまわしよみ新聞。

(2012.11. ナーサリー富田幼児園)

普段は園児だけでつくるが、親子で制作することもある。

子どもたちが「わからない」を見つける場

ケース4　教育の場でつくる④
ナーサリー富田《とみだ》幼児園（徳島県徳島市）

日本全国各地で実施されているまわしよみ新聞ですが、新聞の持つ「どこか古臭い」「大人が読むもの」といったイメージが影響してか、「小・中学生がするのは難しいのでは？」と思われがちです。しかし、じつは何と幼稚園でもまわしよみ新聞は行われているのです！

それが徳島県徳島市にあるナーサリー富田幼児園。筆者の知るかぎり、幼稚園での試みはここが初めて。今のところ唯一の事例だろうと思います。しかもこちらの幼稚園では、まわしよみ新聞をキッカケに、関心を持ったテーマについてさらに調べ、関係者に取材まで行っているとか。他に類を見ない画期的な実践について、同園の落合《おちあい》輝紀《てるき》園長先生に、詳しくお話を聞きました。

ナーサリー富田幼児園◎徳島県徳島市富田橋にある私立保育施設。まわしよみ新聞づくりを行う新聞部を中心に異文化学習、政策提言、食育授業など活動内容は多岐にわたる。ノブレス・オブリージュ&リベラル・アーツを教育方針とし、幼少期から全国を飛び回る体験重視の学習手法を特徴とする。2012年、国連教育科学文化機関ユネスコスクール認定。園児数120名（1歳半〜小学3年生）。

子どもたちは意外と大人の話を聞いている

陸奥　幼稚園の年長組（5歳）でまわしよみ新聞をやっていると聞いて、とても驚《おどろ》いたのですが……子どもたちでも新聞が読めるのでしょうか？

落合　大人たちの話を意外と子どもたちは聞いていて、わからないなりにも興味や関心を覚えていたりします。たとえば地震のニュースを見て、ご両親が話をしていたとします。そういうのを子どもたちはどこかで聞いていて、何となく気になっているのです。でも聞いてみても、大人はあまりちゃんと答えないし、「それよりも勉強しなさい」と話をそらしてしまう。

陸奥　確かに、子どもにはまだ難しいかなと思って適当に流しますね。「早くお風呂入りなさい」とか言って（笑）。

落合　そういうのはすごくもったいないと思うんです。せっかく子どもが世間のことに興味を持ったのに、親や大人からは、はぐらかされてしまう。でも、まわしよみ新聞をすると、子どもたちは地震の記事を切り取って、話をしたりしますから。

陸奥　どんな話をするんですか？

落合　「おうちなくなったらごはんたべれんなあ」「コンビニでかったらええやん」「コンビニもなくなったよ」「こまったね、おなかすいたらどうしたらいいんやろ……」。子どもたちが実感できる内容で会話を積み上げていきます。そうやって新聞を切り取って、一週間ぐらいかけて、まわしよみ新聞をつくります。

陸奥　一週間も！

落合　そうです。そうやってまわしよみ新聞をつくることで、子どもたちは「わからない記事」「問い」がわかりますから。

まわしよみ新聞をキッカケに取材を敢行！

ここがナーサリー富田幼児園のまわしよみ新聞の非常におもしろいところです。子どもたちは「わからない」ということを可視化するために、まわしよみ新聞をつくるというわけです。制作に一週間もかけるのは、「わからない記事について、親や大人、先生に質問して調べる」（落合園長談）ためだそう。そうして、子どもたちはいろんな話をしながら、じっくりとまわしよみ新聞を編集し、「問い」を見つけていきます。

陸奥　一週間かけてまわしよみ新聞をつくって、その次に取材を行うわけですか？

落合　そうです。その道の専門家や、関係者の方に取材をしようというわけです。その際はアポ取りも子どもたちが自分でやります。

陸奥　びっくりしますね。いきなり子どもから「新聞記事で読んだんですけど」と電話がかかってきたら……。

落合　伊勢志摩サミットのときは実際に現地に行って取材しました。そのときつくったまわしよみ新聞は、のちに安倍首相にも見てもらったんですよ。

陸奥　首相!?

落合　はい。党の事務所に電話で面会を申し込んで、首相が四国を訪問する際に機会をもらって。３０００人の市民に囲まれつつ、安倍首相からまわしよみ新聞にはなまるサインをもらいました。

陸奥　取材にはしょっちゅう行かれるんですか。

落合　ええ。青色ＬＥＤを発明して２０１４年にノーベル物理学賞を受賞した中村修二教授の取材をしてまわったこともあります。難しい話はわからなかったようですが、電池をつないで一粒のＬＥＤが光ったときの子どもたちの嬉しそうな顔が忘れられません。

陸奥　まわしよみ新聞が実体験と繋《つな》がっていてすごいですね……。親御《おやご》さんの反応はどうですか？

落合　うちのまわしよみ新聞はＡ３サイズの紙でつくっているので、スキャンしてプリントアウトし、ご両親にお渡ししています。こういう子どもたちがつくったモノがあると、ご両親も幼稚園で何をやっているのかすぐ理解してくれますし、評判はいいですね。

まわしよみ新聞をつくって取材するという経験は、子どもたちに新聞への親しみを生むようです。ナーサリー富田幼児園を卒園した子のなかには、小学校の新聞づくりで賞を取った子もいるとか。

落合　幼児教育は、子どもたちの好奇心を伸ばして育《はぐく》むことがとても大事だと思うんです。大人たちからの押しつけで『勉強しましょう』では、やっぱり楽しくないですから。まず、子どもたちが知りたいと思っていることを拾ってきて、そこから話をしたり、調べたり、考えたり、勉強していく方がいい。まわしよみ新聞はそのためにとても使えるツールだと思っています。

ケース 5

ビジネスの場でつくる 城南《じょうなん》信用金庫（東京都品川区）

城南信用金庫蒲田支店オリジナルのまわしよみ新聞「蒲田読み回し新聞」。（2016.07. 城南信用金庫蒲田支局）

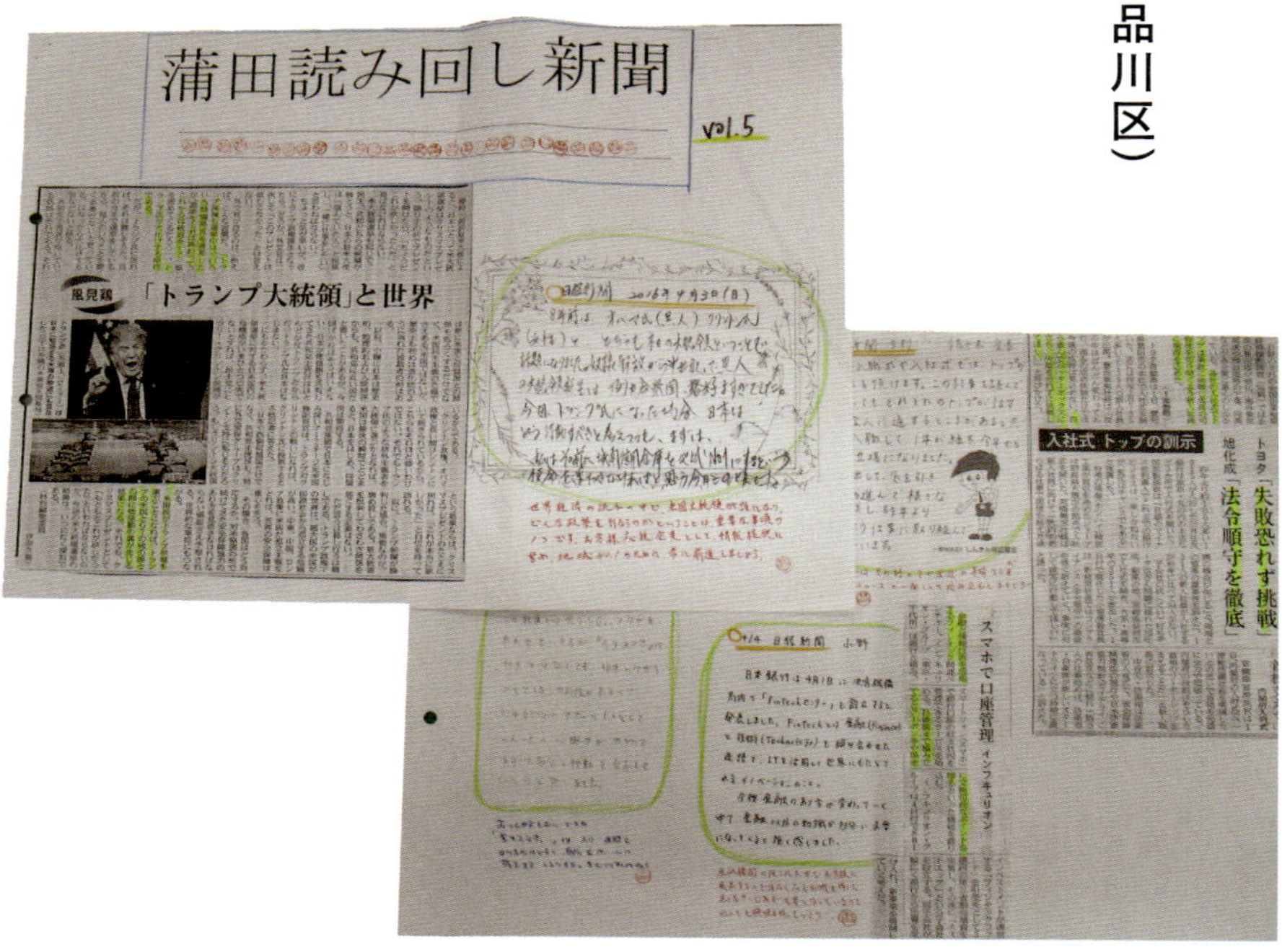

記事へのコメントに対し、また別の同僚がコメントを返す。（2016.04. 城南信用金庫蒲田支局）

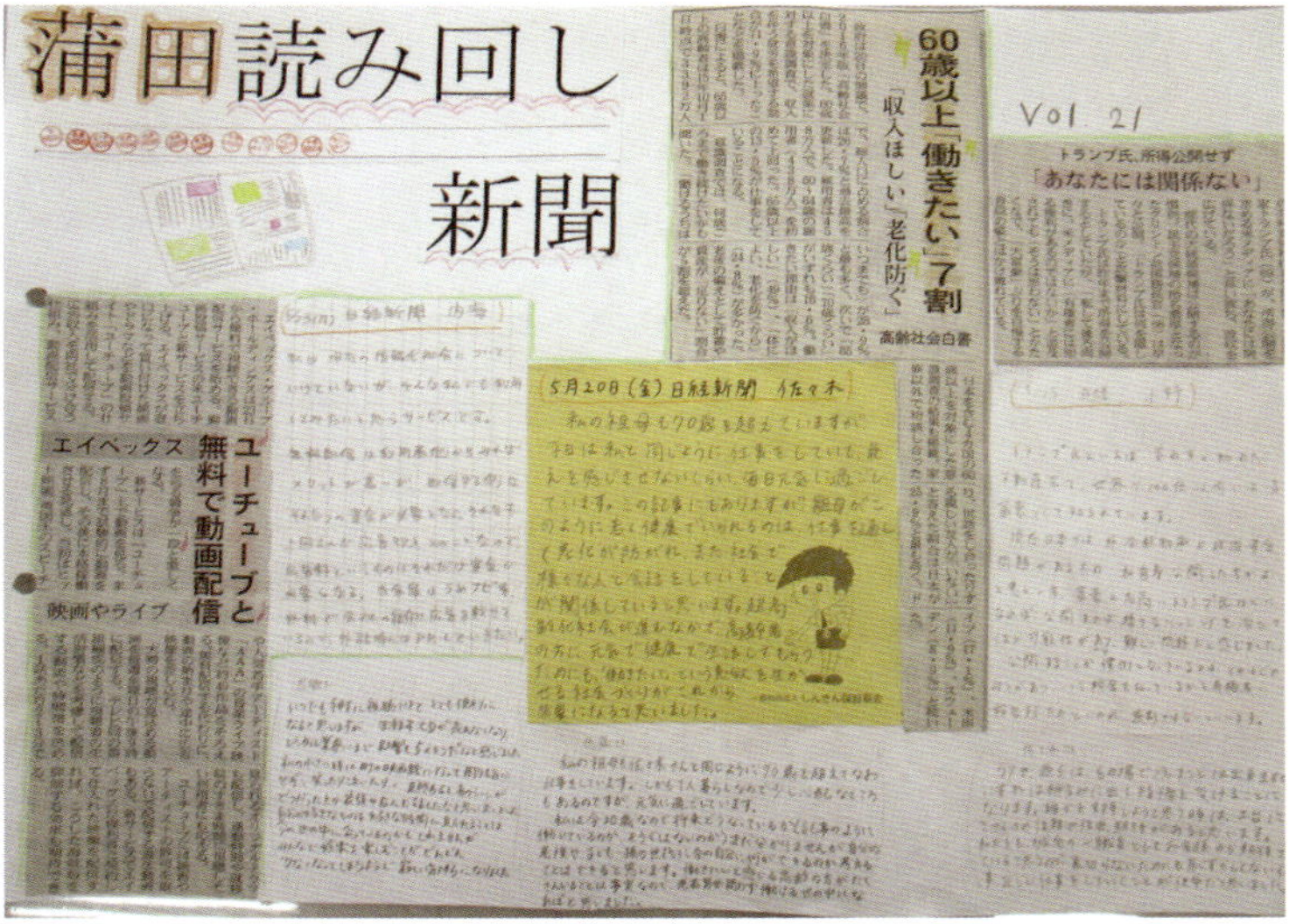

通常のまわしよみ新聞に比べ、記事にそえるコメントが長く、記事と同じくらいの文量がある。
（2016.05. 城南信用金庫蒲田支局）

「蒲田読み回し新聞」を持つ城南信用金庫蒲田支局員。

まわしよみ新聞で〝雑談力〟を鍛《きた》える！

城南信用金庫◎１９０２（明治35）年に設立された入新井信用組合にルーツを持つ信用金庫。利益追求ではなく相互扶助による地域の人々の繁栄を目的としている。http://www.jsbank.co.jp/
東京新聞◎中日新聞社が発行する日刊紙で、東京都を中心とする関東地方のブロック紙。「ＮＩＢ（ビジネスに新聞を）」や「雑談力」（ビジネスマンがお客さんと共通の会話をする力）などを提唱し、新聞の新たな使い方を開拓している。まわしよみ新聞については、企業研修や学校講演などの際に実施している。http://www.tokyo-np.co.jp/

ケース5　ビジネスの場でつくる
城南《じょうなん》信用金庫（東京都品川区）

インターネットが普及した現在、新聞は単なるニュース媒体として以上の役割が見直され、「ＮＩＢ」(Newspaper In Business)と呼ばれてビジネスの場でも使われ始めています。ここでは東京新聞と城南信用金庫の事例をご紹介しましょう。

もともと東京新聞では、企業や学校への出前講座にまわしよみ新聞を利用していました。城南信用金庫が２０１１年の東京電力福島第一原子力発電所の事故を受け、「原発に頼らない安心できる社会へ」というメッセージを発表したことをきっかけに、主張を同じくする東京新聞と連携事業を開催するに至ったそうです。

そうして城南信用金庫の新入社員研修でまわしよみ新聞を用いたところ、一部の新入社員たちが自主的に「蒲田読み回し新聞」という社内新聞を始めたのだとか。経緯を城南信用金庫・人材開発部の横溝《よこみぞ》和雄《かずお》さんに伺いました。

雑談力は営業力

陸奥　ＮＩＢでまわしよみ新聞を取り入れたのはなぜですか？

横溝　最初は経済部の記者をお呼びして、最新の経済事情などの講義をしてもらったのですが、話を聞くだけでは一方通行になってしまいます。そこで、講義の後まわしよみ新聞をつくる提案をいただきました。

陸奥　効果はありましたか？

横溝　まわしよみ新聞は、いろんな記事を使って、いろんな意見を言い合うので、雑談力を養うのにとてもいいと感じました。

陸奥　東京新聞では、「雑談力は営業力」と言っているそうですね。

横溝　今、信用金庫でもお客様のところに行く機会が減っているんです。昔は預金を預かりに行って、商店街や町工場の方と、いろんな雑談をして交流を深めて、新しい情報や顧客を得ていました。ところが今はキャッシュレス時代で、そういう雑談の機会がかなり減りました。

陸奥　確かに地元のおじさんたちと仲良くなろうと思うと、雑談力は必要そうですね。

横溝　そうなんです。なので、まわしよみ新聞をつくる際は経済新聞ではなく、一般新聞を使うようにしています。ビジネス以外の話をしないと信用されませんから。雑談で幅の広いコミュニケーションをすると「おもしろい兄《あん》ちゃんだな。年金移すからうちに来い」となる（笑）。

テレビやネットは「フロー」、新聞は「ストック」。

横溝　人材開発でまわしよみ新聞を取り入れたのは、新聞は〝ストック（貯蔵）〟だからという理由もあります。

陸奥　なるほど。テレビは録画しないと遡《さかのぼ》れない。ネットもものすごいスピードでタイムラインが流れていく〝フロー（流れ）〟ですもんね。一度見た記事を探すのに苦労することもよくあります。

横溝　その点、新聞というのは自分のペースで読めるでしょう。人によって、それぞれ情報処理や思考のスピードは違います。早い人もいれば、遅い人もいる。遅い人にとっては、何度でも振り返ることができる新聞の方がいいわけです。

陸奥　再アクセスしやすいことは、新聞の長所ですね。モノがあるから、記事を切ったり貼ったりして、社内閲覧も容易にできる。そういえば、まわしよみ新聞の研修がキッカケで、蒲田支局のみなさんが、「蒲田読み回し新聞」というのをつくったとか……。

横溝　新入社員たちが、まわしよみ新聞をつくったら視野が広がって接客にも使えると気づき、社内で独自につくろうと始めたようです。

陸奥　グループや用途に合わせてまわしよみ新聞を応用してもらえるのは、本当に嬉しいです。

横溝　新聞記事を壁に貼って、紙で意見を書き込むという「紙ツイッター」なんてこともやりました（笑）。NIBや新聞というメディアの可能性は、まだまだあると思いますよ。

信用金庫とまわしよみ新聞の親和性

陸奥　ところで信用金庫というのは銀行とどう違うんですか。

横溝　組合員の相互扶助《ふじょ》が基本にあります。銀行は資本家や大株主の意向が強く反映され、利潤を増やすことが目的です。いっぽう信用金庫は、組合員は資本のあるなしに関わらず一票の権利しかありません。お互い困ったときは助け合おうという無尽《むじん》や頼母子《たのもし》講のような組織です。

陸奥　なるほど。そう言われると信用金庫とまわしよみ新聞とは、どこか親和性があるかもしれませんね。まわしよみ新聞も新聞記事をネタにして、みんなでいろんな話をして仲良くなろうという場のデザインですから。

ビジネスの現場ではディベートやプレゼンテーションのように、スピーディーさや、わかりやすさ、的確さ、正確さを中心とした「相手を打ち負かす話術」が重要だと思われています。

しかし、ときには相手のとりとめのない話にうなずいて、寄り添っていく話術（雑談力）も同じくらい必要になります。まわしよみ新聞は、その力を伸ばすことができるのかもしれません。

ケース
6

地域でつくる①
津屋崎《つやざき》ブランチ／みんなの縁側 王丸屋《おうまるや》（福岡県福津市）

王丸屋のまわしよみ新聞の一例。（2018.03.28. 王丸屋）

まわしよみ中の参加者。

大人数であっても全員でひとつのまわしよみ新聞をつくる。

通りすがりの人も立ち寄りやすい
オープンスペース。

記事をもとに話し合う時間を長く取るのが、王丸屋まわしよみ新聞の特徴。

地域と繋《つな》がるまわしよみ新聞

ケース6　地域でつくる①

津屋崎《つやざき》ブランチ／みんなの縁側 王丸屋《おうまるや》（福岡県福津市）

津屋崎ブランチは、福岡県福岡市と北九州市の中間にある福津市の港町・津屋崎にて、古民家再生や起業家育成を行い、持続可能な地域をつくる取り組みを行っています。

スタッフのひとりである福井崇郎《ふくいたかお》さんは、古民家をリノベーションしたコミュニティ・スペース「みんなの縁側 王丸屋」で、2016年4月から毎週水曜日の朝にまわしよみ新聞を実施しています。試みを始めて約2年の間に町にどのような変化が訪れたのかを、主催者の福井さん、王丸屋店主の冨永透《とみながとおる》さん、常連参加者で自称編集長の藤吉憲典《ふじよしけんすけ》さんに伺いました。

津屋崎ブランチ◎2009年から福岡県福津市・津屋崎への移住・交流促進を目指した「TSUYAZAKI1000GEN PROJECT」。まちづくりイベント、移住者の交流イベントなどを中心に活動する。**http://1000gen.com/**

みんなの縁側 王丸屋◎およそ築140年の古民家をリノベーションしたコミュニティ・レンタルスペース。もとは明治時代から続く燃料屋（薪や炭を売る店）で、冨永さんの祖母の死をきっかけに、地域の人が集まる場所にしようとオープンした。**https://pietoro1211.wixsite.com/ohmaru-ya**

「ひとりまわしよみ新聞」を孤独にスタート

陸奥　どうして王丸屋でまわしよみ新聞を始めたんですか？

福井　まわしよみ新聞は、以前に糸島（福岡県）のまちづくりに携《たずさ》わっていたときから発行していました。ご縁があって津屋崎に来ることになりましたが、ここではだれも知り合いがいませんでした。津屋崎ブランチ代表の山口覚《やまぐちさとる》さんに相談したところ「それなら毎週、津屋崎でまわしよみ新聞を実施したら」と言われ、自分と同じような移住者が、地元の人たちと、おしゃべりを楽しみながら気軽に交流する場を持ちたいなと思ったのが、始めたキッカケです。

陸奥　人と出会うために、まわしよみ新聞を始めたわけですね。

福井　でも当初はなかなか人が集まらなくて……だれも来ないのでひとりで寂しくまわしよみ新聞をやったこともあります。そのときは自分の人格を3つに分けて、記事を選んで、まわしよみ新聞をやっていました（笑）。

陸奥　それはつらい（笑）。

人集めのため、王丸屋にお引っ越し

最初はひとりきりで始まった津屋崎ブランチのまわしよみ新聞ですが、王丸屋の冨永さんとの出会いにより、新たな展開が広がります。

陸奥　福井君の「ひとりまわしよみ新聞」の暗黒時代に、冨永さんと出会うわけですか？

冨永　そうですね。あまりにも福井さんが寂しそうなので（笑）。ちょうど王丸屋をオープンする頃で、ぼくが義《ぎ》侠心《きょうしん》を発揮して「一緒に、まわしよみ新聞をやりませんか?」とお声がけをしました。

福井　王丸屋さんは正面がガラス張りで、外の通りから中のようすが窺《うかが》えるので、まわしよみ新聞をやっていると、通りすがりの人が「何しよっと?」と声をかけてくれるんです。それでだんだんと地域の人が参加者になってくれたんです。

陸奥　そのときに参加して、常連になったのが藤吉さんですね?

藤吉　ぼくはもう50回以上は参加していて、勝手に編集長を名乗っているくらいです（笑）。まわしよみ新聞は小さい子どもから主婦、学生、社会人、高齢者と10代から80代まで幅広い世代が参加できる。それが魅力ですね。

地域の人と仲良くなるツール

福井さんによると、王丸屋のまわしよみ新聞の特徴は、切り取った記事について話し合う「おはなしタイム」を「平均して90分ぐらい」と比較的長く取っているところ。それにも、理由がありました。

福井　王丸屋のまわしよみ新聞は、いろんな記事を読んで情報を知ることよりも、「みんなと仲良くなりたい」という意識がとても高いんですよ。

冨永　「仲良くなりたい」が目的だから、参加者が多くても極力チーム分けせず、全員で話をするよう気をつけています。

陸奥　全部1チームでやるんですか?

福井　チームを分けてしまうと結局、あまりしゃべらないで帰ってしまう人が出るでしょう。それはやはり寂しい。せっかくここで会ったのだから、全員で話をしたいよねと。

だから、あまり参加者が増えても大変で困るんです。いつものメンバーの男性3名に、プラス2名で。5名ぐらいでまわしよみ新聞をやるのが理想的です。

最近は、津屋崎、王丸屋のまわしよみ新聞も知られるようになってきて、このあいだは知人から聞いたという女子大生が長野県から来ました。

『ゆるい』から地域に受け入れられる

こうして、毎週水曜日に2年にわたって発行し続けられている津屋崎・王丸屋のまわしよみ新聞は、取材時には88号を超えていました。2018年6月頃にはついに100号を達成する予定だとか。

冨永　100号記念は、海でやりたいですね。青空まわしよみ新聞。野外だからみんな見てくれる。風が強いから記事が飛んでいったりして。

藤吉　福間海岸にしよう。若い子が多い（笑）。

福井　こんなメンバーですが、これからも和気《わき》藹々《あいあい》とやれたら嬉しいですね。

まわしよみ新聞は、とにかく自由で、こういう「ゆるさ」が許されているのがいいですね。地域にはいろんな人がいますから。ゆるやかに、地域のみなさんとまわしよみ新聞で繋《つな》がっていけたらと思っています。

ケース
7

地域でつくる② ピッコロシアター（兵庫県尼崎市）

季節感を感じる記事選び。(2017.08.10. ピッコロシアター)

まわしよみ新聞記事の話題を組み合わせて、演劇に仕立てる。

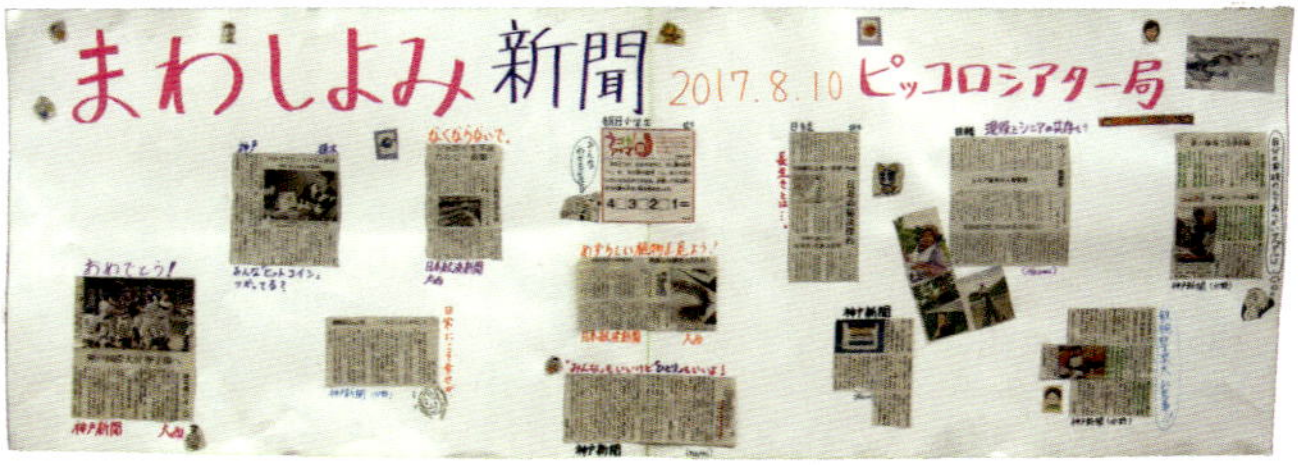

めずらしい横長のフォーマット。(2017.08.10. ピッコロシアター)

まわしよみ新聞の制作風景。

このチームは題字も新聞の見出し文字から切り貼りしている。(2017.08.10. ピッコロシアター)

まわしよみ新聞で寸劇ブームが!?

ケース5　地域でつくる②

ピッコロシアター（兵庫県尼崎市）

　ピッコロシアターは、尼崎市にある兵庫県立劇場で、演劇公演の他、演劇学校・舞台技術学校における地域の文化リーダーの育成や、劇場付きの県立劇団の団員による演劇ワークショップなど、人材育成事業を積極的に行っています。

　ここでは毎年夏に「教職員のための劇的体験研修〈壁新聞を演じてみる〉」という教職員を対象にした体験型研修が行われています。まわしよみ新聞と演劇ワークショップのコラボレーションという、全国でも非常に珍しい取り組みについて、仕掛け人であるピッコロシアター広報担当の古川《ふるかわ》知可《ちか》子《こ》さんと、演劇ワークショップを担当するピッコロ劇団の本田《ほんだ》千恵《ちえ》子《こ》さんに伺いました。

子どもに教えるにはまず大人から

陸奥　まわしよみ新聞で演劇をつくるというのは、何とも斬新な試みだと思ったのですが、そもそもどうして教職員向けの研修にまわしよみ新聞を取り入れたんですか？

古川　演劇を理解したり、楽しむためには、社会や人間への想像力が大切です。新聞は人間ドラマの宝庫。ぜひ、子どもたちに新聞を読んで演劇好きになってほしいと思い、まず先生方の研修にまわしよみ新聞を取り入れました。

陸奥　子どもたちのNIEが目標としてあったのですね。それを演劇にしようというのは……？

古川　まわしよみ新聞は知らない人どうしで、ゆるゆるとしたコミュニケーションを始め、最後には壁新聞という「作品」ができあがる喜びがあります。そこから演劇ワークショップを始めたら、さらに豊かなコミュニケーションによって素晴らしい「作品づくり」が可能になるのでは？　と考えたのです。

ピッコロシアター◎1978年8月開館した兵庫県立尼崎青少年創造劇場の愛称。大・中・小の3つのホールの他、練習室、展示室、演劇関連書を豊富に所蔵する資料室があり、観客のみならず演じる側が使いやすいように設計されている。劇場主催により、地元に親しまれる演劇の上演・文化セミナー・実技教室など、多彩なプログラムを開催。全国初の県立劇団〝兵庫県立ピッコロ劇団〟に加え、将来の地域文化活動のリーダーや舞台技術者の育成を目的とした「ピッコロ演劇学校」、「ピッコロ舞台技術学校」も運営し、若者たちの創造活動を高める施設として、大いに注目を集めている。

新聞記事から演劇を創る

まわしよみ新聞（壁新聞）をひとつの「作品」として捉えるというのは、劇場スタッフならではの発想です。

まわしよみ新聞のあとに演劇ワークショップを担当しているのが、ピッコロ劇団の劇団員で、ピッコロ演劇学校でも講師をしている本田千恵子さん。本田さんは、古川さんからまわしよみ新聞＋演劇ワークショップという発想を聞いて、すぐに賛同したそうです。

本田　じつは私は10年ぐらい前から、演劇学校の中で新聞記事から演劇をつくるという授業をやっていました。

陸奥　おお、それはまわしよみ新聞よりも歴史がありますね。

本田　散文詩などをモチーフにして演劇化する授業もやっていますが、詩は個人の発想や読解により世界観をどんどん広げていくことができます。想像が自由であるぶん、かえって難しいと感じる学生もいます。

陸奥　自由なので、かえって創作の足がかりがなくなってしまうのですね。

本田　その点、新聞という素材なら、自分たちの日常に近いニュースや事件が列記されているので、作品づくりの導入に適していると考えたんです。

陸奥　確かに、いきなり「ハムレットを演じろ」といわれてもハードルは高いですが「万引犯」なら演じやすそうです。

本田　まわしよみ新聞は、自分たちの興味関心のある記事を切り取ります。自分たちが切り取った記事から興味を持ったものやおもしろかったものを選ぶから、それを演劇化しようとするときに、「自分たちが選んだ脚本（記事）だ」という意欲も湧きます。

響きあう感情から表現が生まれる

まわしよみ新聞では、「切り取った記事のどこに興味・関心を覚えたのか？」と「理由」を語りあいます。その会話がみんなの共感や共鳴を呼び起こすのですが、新聞記事をそのまま演劇化するのではなく、〝みんなで共感・共鳴した感情の部分〟を膨《ふく》らませることで、表現が生まれる。これは演劇化にとって、とても大事なことだそうです。

陸奥　研修を受けた先生方の反応はいかがでしたか？

本田　先生方は、時間を忘れて研修に夢中になっていました。それを学校に持ち帰って、生徒たちと一緒にまわしよみ新聞演劇をやったら、生徒たちのあいだでもブームになり、何でもかんでも寸劇にすることが流行ったそうです。

新聞記事は私たちの日常に近いものです。そういう日常の何気ないことでも演劇化が可能だとわかり、学生たちは勝手に自分たちの日常を演劇化し始めるというわけです。

古川　こうやって演劇の理解者やファンを増やしていきたいですね。まわしよみ新聞演劇は、みなさん「楽しかった！」と言ってくださり効果絶大。日本全国どこでも出張してやっていきたいと思っています。

ケース 8

海外でつくる銘伝《めいでん》大学（台湾・桃園キャンパス）

スマートフォンで記事を閲覧する。

銘伝大学でのまわしよみ新聞の制作風景。

できあがったまわしよみ新聞を壁に貼り、パネル発表のような要領で、他のグループの生徒に解説していく。

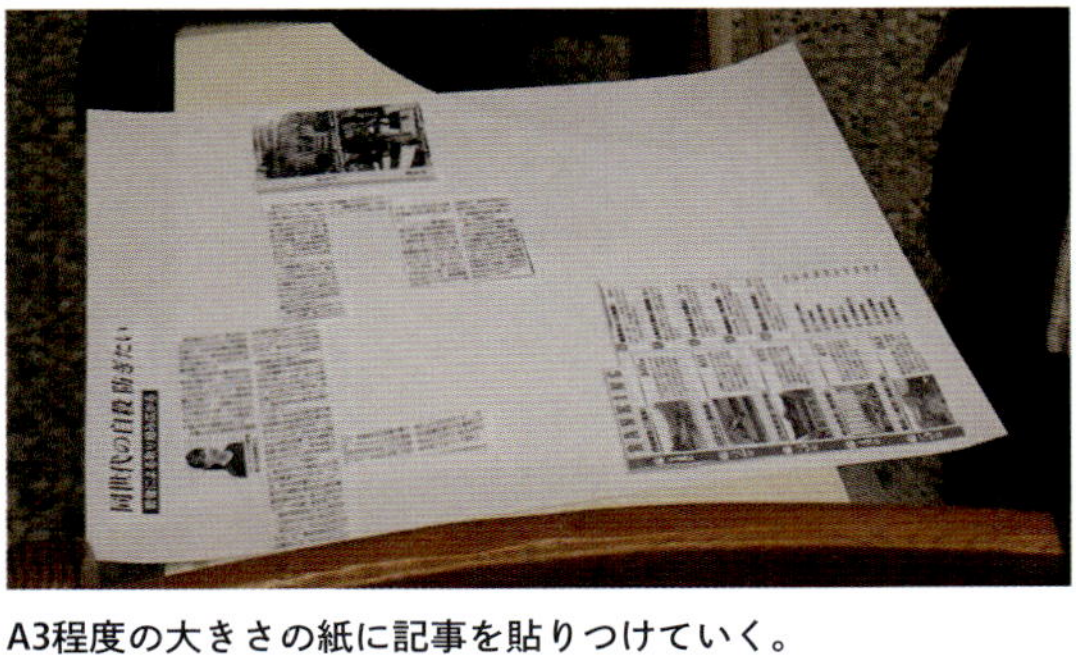

A3程度の大きさの紙に記事を貼りつけていく。

まわしよみ新聞で日本語を学ぶ！

ケース8　海外でつくる
銘伝《めいでん》大学（台湾・桃園キャンパス）

まわしよみ新聞はいよいよ日本を飛び出し、海外でも発行されるようになりました。筆者が報告を受けている事例は、2014年6月に韓国・釜山《プサン》で活動しているメディア研究所アプコムで行われたものと、2016年7月の台湾・台北市に本部を置く銘伝大学桃園キャンパスで実施されたものです。

ここでは、銘伝大学で日本語を教えている許均瑞《きょきんずい》先生にメールでインタビューし、日本語教育におけるまわしよみ新聞の使い方や効果について紹介します。

日本語学習法としてのまわしよみ新聞

陸奥　許先生は、まわしよみ新聞をどのようにして知ったのでしょうか？

許　読売新聞の元台北支局長である源《みなもと》一秀《かずひで》さんの紹介で2016年に知りました。その後、『まわしよみ新聞』のサイトを見て実施方法を確認し、自分の授業に合わせてアレンジして実施してみました。

陸奥　なぜ、まわしよみ新聞を授業に取り入れようと思われたんですか？

許　日本語を専攻している学生が、積極的に日本語の新聞をよく読み、語学力をブラッシュアップできればと考えていました。

陸奥　なるほど。では、日本語学習の一環として、まわしよみ新聞を導入したんですね。

許　そうです。日本語で新聞を読むことが重要だったのですが、教師がトップダウン式に記事を指定するやり方だと、学生が関心を持っている分野とかなりずれてしまう恐れがあります。そうなると課題は表面的、ルーチン的になり、日本語の理解も文法や単語を覚えるだけに限られることになります。ですから学習者に、ある程度自由に新聞記事を渉猟《しょうりょう》させて、意欲を引き出すことが大事だと考えたのです。

陸奥　確かにそうですね。読むものに自分の興味がないと、なかなかモチベーションも上がりません。

許　その点、まわしよみ新聞は自由があります。「読む」という行為を受動的、散発的なインプットに終わらせることなく、読んだ内容をどのように他の人へ伝えるかという能動的なアウトプットに持っていける。語学教育における明確なステップがあって、とてもよかったです。

陸奥　「読む力」を鍛《きた》えて終わりではなくて、記事を選んだ理由などを他者に伝え

銘伝大学◎1957年、婦人活動家の包徳明により、女子専科学校として台北に設立される。商業人材育成において英語とコンピュータ教育に力を入れ、卒業生は実業界で活躍した。その後1997年に4年制総合大学となり、現在は10学部。現在も台湾で実務人材を育成する大学として知られている。
許均瑞◎大阪大学大学院博士（言語文化学）。銘伝大学教育・応用言語学部応用日本語学科准教授。

る必要があるので、そこで「話す力」も養えるというわけですね。

新聞は語学と社会を学べる「ナマの教材」

陸奥　しかし、語学用の教科書もあるわけでしょう。新聞を語学教材として用いることの意義とは何でしょうか？

許　新聞は「ナマの教材」だということですね。新聞を使うことで、単なる日本語の勉強だけではなく、現在の日本社会におけるさまざまな出来事を知ることができますから。

陸奥　「ナマの教材」というのはいい言葉ですね。確かに、新聞は教科書よりも現在進行形で、リアルな日本語が使われていると思います。

許　台湾と日本の社会の違いについて比較させたりすることも、日本語を活用する重要なキッカケになります。

陸奥　教科書には文学の古典や名作などが掲載されていますが、書かれた時期と現在の読者との間にタイムラグがあります。そういった文章で日本のことを理解しても、日本社会の現状とズレが生じてしまうかもしれない。新聞の方がタイムリーな現代日本が描かれているから、現代台湾との比較もできるし、より正確な理解が進みそうです。

新聞を通して見る文化の違いと共通点

許先生によると、ＮＩＥは台湾では「読報教育」と言われており、主に小学生で実施されています。しかし、台湾の新聞はかなり「政治色が強い」ので、それ以上の年齢になると、あまり実施されないようです。というのも、授業で使用する新聞や記事の解釈が、教師や学校の政治的傾向の表れと見なされて、保護者から非難される恐れがあるからだとか。

陸奥　そもそも、台湾の学生は新聞を読んでいるのでしょうか？

許　毎年、「ニュースの日本語」という授業を始めるにあたって、履修生に親元で新聞を購読しているかアンケートを取ります。しかし、例年約70名いる履修生のうち、多い年で10人ちょっと、少ない年は2人という状況でした。しかも2人しかいない年が圧倒的に多かったです。

陸奥　新聞を読む習慣があまりないんでしょうか？

許　いえ、かと言って若者は全く新聞を読まないのかというと、そうでもありません。食堂・レストランや床屋、市役所や図書館、集会室など、人の集まるところにはよく数種類の新聞が置かれています。屋台やレストランで早朝、朝ご飯を食べながら熱心に読んでいる人をよく見かけます。これも台湾特有の風景です。家では新聞を読まず、出先で手近にあったら読むということです。

陸奥　まちなかに新聞があるというのはいいですね。

許　もちろん、日本でも台湾でも、新聞には目もくれず、携帯ばかり見ているのも現代の風景です。

陸奥　そうですよね。違うところもあるし、似ているところもある。まわしよみ新聞を通して日本と台湾の違いと共通点に気づき、相互理解に繋《つな》がれば、こんなに嬉しいことはありません。

第4章 もっと知りたい、まわしよみ新聞

——メディアと情報、他者との出会い

ここまで、まわしよみ新聞の具体的なつくり方や、どんな効果があるか、各地でどのようなバリエーションが展開されているかなど、実際的なお話を続けてきました。

第4章では、そこからさらに踏み込んで、ぼくがまわしよみ新聞の活動を通して感じてきた

「現代の情報社会とはどういうものか」

「インターネットや新聞のメディアの特性は何か」

「まなびとは何か」

「他者と出会うとはどういうことか」

というような、思考のひろがりについてお話ししたいと思います。

メディアと情報

1

マスメディアから、パーソナルメディア時代へ

ぼくは20代の頃、放送業界で仕事をしていたことがあります。インターネットがどんどんと普及してきたときに「これからは**マス（大衆）メディアではなくて、パーソナル（個人）メディアの時代**になる」といったフレーズを業界でよく聞きました。

実際に、それからブログやネットラジオといった個人メディア、ユーチューブ（You Tube）やニコニコ動画といった動画投稿サイト、ツイッターやフェイスブック、インスタグラム（Instagram）といったSNSなど、パーソナルなメディアツールが大流行していって、情報発信者は増えていったわけです。

しかし、こうしたサイトを覗《のぞ》き込むと、厖大《ぼうだい》な情報量に頭がクラクラとしてきます。そして、あまりにもタイムライン（時系列に表示される情報の羅列）の流れが速い。次から次へと更新されていく。この超巨大なメディアツールの中では、個人の意見や情報発信などは、あっというまに埋没《まいぼつ》して黙殺《もくさつ》されてしまいます。

こうした超巨大な情報の海の中で「注目される記事」を書こうとなると、よりアクロバティックで、より過激で、より扇情的な記事を書かざるを得ません。要する

に「炎上マーケティング」的なものになりがちだということです。ページビュー（PV）を稼いで、広告費で儲《もう》けるためならば、特定の人種や民族、国家を貶《おとし》めるようなフェイクニュースだって構わない……という風潮すらあるようです。こうしたパーソナルメディアの嘘を見抜いていくメディアリテラシーが今後、さらに必要な時代になっていきます。

2

フローなインターネットとストックな新聞

しかしメディアリテラシーを育てるのに、テレビやインターネットはあまり向いていません。**テレビやインターネットはフロー（流動的）なメディア**であるからです。何となくテレビを見ていて「あれ？　今、何と言っていたのかな？」と気になっても、テレビではその情報に再アクセスするのはかなり困難です。録画をしていればもう一度、確認することができますが、そうでなければ、すぐに流れていってしまいます。

インターネットはテレビ以上にすごいスピードで情報が流れていきます。たとえばニュースサイトをリロード（再読込）してみると、次から次へとトップページは切り替わっていきます。ＳＮＳのタイムラインもリロードすると、あっというまに記事が流れていきます。検索すればその記事に再アクセスできると思っていたら、キーワードによっては「約1,000,000,000件ヒットしました」と途方もない件数の記事が平気で表示されたりします。記事そのものが削除されたり、編集されたりしていることも少なくありません。

テレビもインターネットも、次から次へと新しい情報が垂れ流しにされていく。こうした**フローな情報は「精査する」ということに向いていません**。あまりに流動性が高く、更新のスピードが早いので、受け手は精査する時間を取れないのです。むしろカンチガイやうろ覚えで情報を取得する可能性があり、誤解をしたまま情報を拡散して、それが大きな誤報やデマに繋《つな》がるといった危険性もありえます。

それに対して**新聞はストック（貯蓄的）なメディア**です。新聞は勝手に記事がめくれていったり、紙面が更新されたり、記事がどこかに流れていったりしません。自分の都合のいい時間に読むことが可能です。平日朝に新聞を読むのは大変なので、一週間分の新聞をストックしておいて、休日になったら一気に7日分の新聞を読む……といったことも可能なわけです。

「自分のペースで情報を取得できる」ということは、新聞の優れた特性です。情報の持つ意味や意義をちゃんと把握して、理解して、思考して、整理する時間は、人それぞれでまったく違います。情報の理解が速い人もいれば、遅い人もいます。新聞では、そうした時間を、たっぷり、じっくり取ることができます。

3

情報の消化不良

あまり噛《か》まずに食事をすると、消化不良を起こして栄養を摂《と》れないのと同じように、**情報もちゃんと口に入れ、咀嚼《そしゃく》して、飲み込んで、栄養にする時間が必要**なわけです。

テレビやインターネットは、次から次へと食事（情報）を摂っているようなものですが、じつはちゃんと噛んだり、咀嚼せずに、漫然《まんぜん》と飲み込んではいないでしょうか。そういう人は結局、メディアと情報の消化不良を起こしていて、あまり自分の栄養にできていない可能性があります。

それに対してまわしよみ新聞は、新聞というストックのメディアを、みんなで切り取って回し読みしたり、話し合ったり、再編集することで、結果としてメディアをじっくりと精査して、咀嚼して、消化する試みと言えます。特にまわしよみ新聞では、自分のペースどころか、みんなのペースに合わせて情報を咀嚼していきますから、情報を吟味《ぎんみ》する時間はひとりで新聞を読むときに比べて格段に長くなります。時間はかかりますが、「読む」「切る」「話す」といった「6つのアクション」（→55ページ）を通して何度も情報を噛みくだいて、理解を深め、知性の栄養に変えられます。まわしよみ新聞ではその**情報の栄養化率**がずっと高いのです。

「この情報にはどういった意味や意義があるのか？」を考える時間が増えると、必然的にメディアリテラシーも醸成《じょうせい》されていきます。フローなテレビやインターネットと違って、「ん？　これはどういうことかな？」「本当かな？」と思考することで、フェイクニュースに気づく機会も生まれます。

4

「言葉ありき」のインターネットと「言葉なき」新聞

ネットは「言葉ありき」です。知りたい、調べたいという「キーワード」(単語、事件、ニュースなど)が、まず読者の頭の中にあり、そこから検索行動に出ます。

たとえば「桂米朝《かつらべいちょう》」をネット検索しようとしたら「上方落語四天王」とか「人間国宝」といったキーワードが予測機能で検索フォームに出てくるか、該当ページのリンク一覧が出てきます。さらに「上方落語四天王」を検索したら「笑福亭松鶴《しょうふくていしょかく》、桂《かつら》文枝《ぶんし》、桂春團治《かつらはるだんじ》、桂米朝」と出てくるだろうし、「人間国宝」を検索すれば、いろんな歴代の人間国宝の方の名前などが出てくるでしょう。

キーワード「A」を検索したら、それに似たキーワードである「A'」が登場し、「A'」を検索すると、また似たようなキーワードである「A''」と続いていく。そのように**インターネットはツリーモデル**(樹木型)**構造**で情報の取得が展開していきます。これは新しいキーワードを獲得しているようで、似たようなキーワードが続いているだけともいえます。なかなか最初のキーワードの世界観から抜け出ることができないわけです。

それに対して、**新聞は「言葉なき」世界**です。新聞を読む前には、読者の頭の中にキーワードはありません。「からっぽ」の状態です。もちろん読みたいニュースや事件や記事があって新聞をめくる人もいますが、大部分の人は、そうではなくて「今日は何があるかな?」と思いながら新聞をめくります。

5

ネットは「検索」、新聞は「めくる」

この「めくる」という情報取得のアクション（行為）が、新聞のおもしろさです。1面をめくる。2面をめくる。3面、4面をめくる。めくる前には、次にどんなキーワードが出てくるか、まったくわかりません。予測不能です。新聞をめくってから、そこで初めて新しいキーワードと出会います。

さらに新聞がおもしろいのは、1面、2面、3面、4面と出会うキーワードがまったく繋がっていないというところです。1面で「A」というキーワードと出会い、2面をめくると「Σ《シグマ》」というキーワードと出会い、3面をめくると「卍《まんじ》」というキーワードと出会い、4面をめくると「ぬ」というキーワードと出会う……。「A→Σ→卍→ぬ」と、新聞をめくるたびに、次から次へと新しいキーワードへと飛び移っていく。新しいキーワードとの出会いこそ、新しい世界観との出会いでもあります。だから新聞を読むことによって、どんどんと自分の世界観が広がっていくわけです。

さらにまわしよみ新聞では、こういう新聞特有の情報取得を、ひとりではなくて複数でやります。何人かで新聞を読んで、それぞれ気になった記事を出し合うと、キーワードが乱立しまくって、まったく収拾がつきません。だからこそ爆発的に世界観が広がるのです。これはインターネットの検索ではとうてい不可能なメディア体験です。

6

樹木型《ツリー》のインターネット、根茎型《リゾーム》の新聞

インターネットは「垂直」的にキーワードを深掘りしていく情報ツールといえるのかもしれません。深いのですが、狭い。対して**新聞は「水平」的にキーワードを取得**していきます。浅いのですが、広い。

また、**インターネットで獲得するキーワードは、常に連結していて、同質性を帯《お》びています。**いっぽう**新聞で獲得するキーワードは、それぞれ繋がりがなくて、多種多様**です。インターネットはツリーモデルだといいましたが、新聞は、まるで関係のない異質なキーワードが混然一体となっているリゾームモデル（根茎型）といえます。

ですから、これから自分の世界観を築き上げていく学生や若者たちにまず必要なのは、インターネットではなくて新聞だと思います。とにかく新聞で「新しいキーワード」をどんどんと獲得していく。どれだけたくさんのキーワードを獲得するかが、学生や若者の豊かな土壌（世界観）となります。どんな芽が出るのか？　どんな花が咲くのか？　それは土壌の広さにかかってきます。インターネットで土壌を深掘りしていくのは、新聞を読んで土壌を広げたその後で構わないのではないでしょうか。

7

「モノ・カタチ」のある情報は多くを語る

新聞は自分のペースで情報を取得できるストックのメディアだと言いましたが、それは要するに紙という「モノ」であり、「カタチ」であるから、加工やストックが容易だということです。それは、電子情報で手で触れられるモノ・カタチのない電子情報のテレビやインターネットにはほぼ見られない特徴です。

世の中には新聞のスクラップをつくる方も多くいます。切ったり貼ったりすることが可能なのも、新聞に「モノ・カタチ」があり、「加工性」に優れたメディアであるからです。

その新聞を使ってさらにまわしよみ新聞をし、切る、読む、話す、聞く、貼る……といろんなアクションを通して情報にアプローチしていくことで、読者（参加者）が受け取る情報は2倍にも、3倍にもなります。

たとえば記事を切り取ると、「記事の大きさの違い」に気づきます。Aくんが選んだ記事とBくんの選んだ記事を見比べると、Aくんの記事の方が大きい。これは新聞社が「この記事は重要だ」と思うから記事が大きいわけです。記事を切り取ることで、こうした新聞社の記事内容に対する価値観が、よりわかりやすく可視化されます。「記事の大きさ」に新聞社の姿勢やスタンスが出てくるわけです。

また切り取った記事を貼る際は、紙のどの部分に記事を貼るべきか、という問いが発生します。紙の上部に貼るか？　中央に貼るか？　下の部分に貼ろうか？　この記事の隣に貼ったらどうか？……などと、位置や周囲の記事との兼ね合いを悩むわけです。さらに貼り方にも工夫の余地があります。ちょっと斜めに貼ったり、過去には遊び心で逆さに貼ったという人もいました。壁新聞づくりの際の「どこに何を貼るか」に、参加者の記事に対する価値観などが反映されていきます。**実体のある情報は、記事内容以上のことを語ってくれる**のです。

8

「顔が見えない記事」から「顔が見える記事」へ

欧米の新聞は記者の名前が記された「記名記事」が多いそうです。日本の新聞でも、最近は記名記事も増えてきましたが、まだまだ「匿名記事」が数多くあります。

匿名記事は当然、だれが書いたのかわかりません。新聞社の記者だろうとは予想できますが、その記事からは顔が見えません。個人の「感情」が窺《うかが》えないわけです。

それに対してまわしよみ新聞は顔が見えます。どういうことかというと、記事を切り取った人から「この記事は好きだ」「意外とおもしろい」「これはビックリした」といった「感情」が折り込まれて記事が紹介されるということです。すると、「顔が見えない記事」が「顔が見える記事」になります。

たとえば「内閣支持率40パーセントです」といった記事だけでは単なる「事実」ですが、切り取った人が「ぼくはまだ支持率は高いと思います」といったような「感情」の部分をつけ足すことで、記事が消化しやすくなります。「顔が見えない記事」が、その記事を切り取って提示する参加者の表情や雰囲気、話のニュアンスといった**「身体性」を通ることで、「顔が見える記事」となって、リアルな、生《なま》の情報となるわけです**。

ちなみに、ぼくはまわしよみ新聞の参加者のことを「新聞記者」ならぬ「新聞切《き》者《しゃ》」と呼んでいます。新聞を切って、そこに血肉を通わせるわけです。そうすることで、ようやく記事が相手の心に届きます。

9

多様な価値観がメディアリテラシーを養う

「モノ・カタチ」がある世界はわかりやすいので、まわしよみ新聞は、だれでも気軽に参加できます。インターネットは、そのスピードの速さなどの理由で、特に幼い子どもや高齢者には敷居の高いものになりがちですが、まわしよみ新聞なら幼稚園児から高齢者まで参加できます。**だれでも参加しやすいことによって「参加者の多様性」も担保されます**。

まわしよみ新聞は学校や会社、組織などでも可能ですが、同じようなコミュニティに所属している「同質性の高い人たち」とやるよりは、年齢、性別、学校、仕事、都市、民族、国家、宗教などが違っている「異質性の高い人たち」と実施することで真価を発揮します。参加者の多様性によって、想像だにしないような観点からの記事が選ばれる。すると、「そういう記事の捉え方もあるのか」と**多様な価値観に対応したメディアリテラシーが醸成される**からです。

幼稚園児と高齢者が同じテーブルでまわしよみ新聞をつくっている。まわしよみ新聞ではめずらしい光景ではありません。さまざまな年齢層の人といっしょにつくることも、まわしよみ新聞の特徴といえるでしょう。

10

新聞に遊びを（P－I－N）

新聞を用いた教育「ＮＩＥ」（Newspaper In Education＝教育に新聞を）は、１９３０年代にアメリカで始まり、日本に本格導入されたのは１９８９年だそうです。まわしよみ新聞を始めてからＮＩＥ関係者と出会うことも非常に多くなりましたが、第1章でも書いたように、そもそもまわしよみ新聞は「教育のため」といったような大袈裟なものではなくて、「遊び」でした。新聞記事を使ったカードゲームや大喜利大会、あるいは「新聞づくりごっこ」のようなものであって、いわば「ＰＩＮ」（Play In Newspaper＝新聞に遊びを）だったのです。

「まなび（学び）」という言葉の語源は「まねる（真似る）」から来ているそうですが、そこには師匠や先生がいて、そのスタイルや型（エトス）を、忠実に、誠実に真似ようという態度が求められます。厳粛で、マジメで、堅苦しいともいえます。

それに対して「あそび（遊び）」の語源のひとつは「それる（逸れる）」で、ある種のスタイルや型から逸脱していくことを許そうというものです。師匠や先生やのスタイルや型から、あえて外れてみる。踏襲《とうしゅう》しない。自由を尊重する精神で、いろんな試みやチャレンジを許容する大らかさ、柔らかさがあります。

まわしよみ新聞には「絶対にこうしないといけない」という堅苦しいルールはまったくなくて、基本的には「別に好きなようにやったらええ」という緩くて、適当で、参加者に丸投げのデザインなんです（笑）。しかし、だからやっていて楽しくて、参加者が勝手に盛り上がり、広まっていったという経緯があります。

ＮＩＥ関係者が言うように、まわしよみ新聞には、いろんな教育的効果があるのかもしれませんが、それは本来、二次的、三次的、副次的なものだとぼくは思っています。発案者個人の想いとしては、「新聞を遊ぶ」というPINを広めたかった。それは結局、「メディアを遊ぶ人たち」「情報を遊ぶ人たち」を世の中にたくさんつくるということです。

11

情報の遊び手をつくる

21世紀は情報文明の時代といわれて、新聞、テレビ、インターネット、本、ラジオなど、多様なメディアが展開しています。

しかし、こうした多様なメディア環境にも関わらず、結局、メディアへの関わり方は「発信者（売り手）」や「受信者（買い手）」しかいないようでは、非常に貧しいとぼくは感じています。

もっと多様なメディアとの関わり方があっていい。「発信者／受信者」だけではなくて、そのあいだに「編集者」や「演出家」や「調理人」や「批評家」や「演技者」……要するに「遊戯者（トリックスター）」がもっとたくさん出てきた方がいいと思うのです。

大阪で活動している現代アーティストに「新聞女《しんぶんおんな》さん」という方がいます。彼女は新聞を裁断してドレスにして、みんなで新聞ドレスを着て、まちを練り歩く……といったアート・パフォーマンスで世界的に有名になっています。つまり新聞を「買う」とか「読む」ではなくて「着る」（!?）というトリックスターなわけです。なかなか思いつかないユニークな発想ですが、こういう「新聞遊び」「メディア遊び」

「情報遊び」をやる人が、もっともっと世の中に広まれば、おもしろいと思っています。それが本当の意味での「豊潤な情報文明」をつくるだろうと確信もしています。

まわしよみ新聞はNIEにも使えますが、その根幹はPINです。豊潤な情報文明の担い手、プレイヤーをつくるためのものです。

12 他者と出会う

共同作業に慣れる

さきほど、新聞のスクラップの話が出ましたが、それはたいていの場合、「ひとり」で新聞を読んでスクラップをつくっています。学校教育における新聞を使った学習（NIE）でも、先生や講師が生徒に「新聞をスクラップしなさい」と教えることもあるようですが、そちらも「ひとり」で実施することが多いようです。これはひとりでできる作業にしないと、個人の成績がつけられないからだと、ある先生から教えられました。

確かに成績をつけることが目的なら、ひとりで新聞を読ませて、スクラップさせて、新聞をつくらせるのが、いちばんその生徒の読解力や思考力、国語力、社会への興味関心などが測りやすくて、成績をつけやすいのかもしれません。これはしかし「ＮＩＥ嫌い」の学生を増やしかねない懸念《けねん》もあります。新聞を読んだり、つくったりすることに先生が点数をつけることで、優劣を決めてしまう。悪い点数をつけられた学生は、新聞を通して学ぶことを苦手に思うでしょうし、ひいては新聞そのものを嫌いになりかねません。

まわしよみ新聞は、「ひとり」ではなくて、常に「みんな」で新聞を読んで、記事をスクラップして、語り合って、つくり合うことを推奨しています。つまりまわしよみ新聞は「個人作品」ではなくて「共同作品」なのです。話をすることが好きな子もいれば、イラストを描くのが好きな子もいる。そういう子どうしで、お互いの長所を伸ばし、短所を補《おぎな》って、ひとつの新聞をつくっていく。**共同で取り組み、助け合うことで、個々の能力の限界を突破できることを学べる**のです。

13

実社会で求められるのは「団体プレイ」

学校の試験は、基本的にひとりでやらされます。隣の人と話し合ったり、相談したり、助け合ったりすることは許されません。常に、たったひとりで、孤独に問題を解かなければいけません。

しかし、いざ学校を卒業して社会に出てみると、自分が所属する会社や組織やコミュニティは、たったひとりの力で動いているわけではないということに、当然、気づかされます。どれだけ優秀な、才能にあふれた人物だとしても、ひとりでできることなど、たかが知れています。世の中の大部分は「みんな」の共同作業やチームワークや役割分担で動いているのです。

これはよくよく考えると、とても不思議なことで、**学校ではずっと個人プレイをやらされてきたのに、社会に出るといきなり、団体プレイを求められる**わけです。教えられてきたことがまるで通用しない。優秀な成績を修めたり有名な大学を出ている今の若者たちが、社会に出てとまどいや挫折を覚えるのは、団体プレイすることに不慣れという部分もあるだろうと思います。共同作業に慣れていないわけです。

ですから、まわしよみ新聞のような「自分の強みを活かしつつ、みんなで取り組んでつくる」といった団体プレイの教育活動、共同作業の試みは、もっと教育現場で重要視されていいし、これからの社会に、とても必要なことだろうと思います。

14

会話でもなく対話でもない「共話」のデザイン

まわしよみ新聞は「話し合いの場のデザイン」ですが、世間一般の会議などとはかなり違った構造をしています。

会議には多くの場合〝議長〟がいます。司会とかファシリテーターと呼ぶこともあります。要は「議事」を進行していく人です。そして話し合うべきテーマである「議題」があります。参加者はその議題に基づいて「議案」を出します。そして質疑応答や対論などの「議論」をして、最後にどうするかを「議決」します。最初から最後まで筋道がしっかりしていて、とても論理的な話し合いの場といえるでしょう。

しかし、まわしよみ新聞はそうではありません。まず「議事」をする〝議長〟がおらず、テーマである「議題」もありません。記事を切り取って見せますが、それは何か問題を解決するための「議案」ではなくて、「こんなおもしろい記事がありました」という単なる世間話です。議案ではないので、対案もなく「議論」も起こりえません。もちろん多数決もなく「議決」もありません。

ただ漫然と、いろんな雑談をするだけで、最初から最後まで、「Aさんはこの記事が好き。Bさんはこの記事が気になる。Cさんはこんな記事を見つけた。いいですね～」と**共感・共鳴していくだけの場がまわしよみ新聞**です。何も問題は解決しません（笑）。

これはある意味で、話がどんどんと横すべりしていく構造ともいえます。Aさん、Bさん、Cさんが出した記事はそれぞれ、まったく前後に脈絡がなく、話は繋がりません。「話を会わせていく」と書いて「会話」で、「話に反対したり、相対するような話をする」のが「対話」だとすれば、まわしよみ新聞は、こういう「会話」とも「対話」ともちょっと違っていて、ぼくは**「共話」のデザイン**といっています。

ひとり言のように、しかしみんなで、ただただ前後の脈絡が繋がらない話（記事）をどんどんと並べて、おしゃべりを成り立たせるのです。

15

ノンバーバル（非言語）な共同体験

会議が論理的な話し合いの場なら、まわしよみ新聞は、非常に情緒的な話し合いの場といえます。昔は、長屋の共同井戸を取り囲んで主婦のみなさんが四方山《よもやま》話をする「井戸端会議《いどばたかいぎ》」というのがあったそうですが、まわしよみ新聞は、それに似ています。

実際に、参加者から「まわしよみ新聞って、女子会みたいですよね。みんな自由に、適当に自分の興味関心のある記事をしゃべっているだけ（笑）」と評されたこともあります。

しかし、いろんな記事や話題が出てきて、とっ散らかる一方では「話し合いの場」として収まりません。会議なら「議決」で終われますが、女子会には「議決」などありません。では、どうやって女子会は場を収めているのか？　長らく謎だったのですが、ある女性に「女子会って何を合図に終わるんやろか？」と聞いたら「お茶とスイーツが終わったら終了ちゃうかな？」という女子会独自の暗黙のルール（？）を教えていただきました。

じつは、この答えはぼくにとって目から鱗《うろこ》でした。女子会はもちろん「話し合いの場」なんですが、じつは話し合いで場を収めるわけではないのです。言語活動ではなくて、「みんなでおいしいお茶とスイーツを堪能《たんのう》した」という**「ノンバーバル（非言語）な共同体験」**によって場が閉じられているのです。

まわしよみ新聞もまた同じような構造で、女子会の「お茶とスイーツ」の部分に該当するのが、じつは「新聞づくり」です。新聞づくりで「みんなで一緒に新聞をつくった」というノンバーバルな共同体験によって場が収まるわけです。

16

共同体験が参加者の関係をフラットにする

実際、まわしよみ新聞では「Aさんの記事とBさんの記事を要約すれば、こんな現代日本社会の問題が浮かび上がってきますね」というような、「要約・まとめ・批評」みたいなことはしません。言葉で場を収めるのではなくて、ただ紙にペタペタと記事を貼っていく。これはまとまっているようで、じつはまったく、まとまっていません。

しかし、それでも新聞はでき上がります。そしてでき上がってみると、何となく達成感があって嬉しい。場が見事に収まるわけです。**言葉ではなくて、ノンバーバルな共同体験で場を〆《しめ》る。**

以前、婚活のプロデューサーに「まわしよみ新聞は婚活に使える」と褒《ほ》められたことがあります。その人が言うには、最近の婚活は話をするよりも、「一緒に料理をつくる」といった共同体験がウケているのだそうです。

結局、言葉というのは「話し手」と「聞き手」とに役割を分けてしまいます。それよりも「一緒にもの（料理や新聞）づくりをする」ことで、みんなを同じように「つくり手」にしてしまう。これが**参加者全員をフラットな関係性にして、仲間意識が芽生え、楽しい**わけです。

女子会とまわしよみ新聞の違いは、せいぜいおいしいお茶とスイーツが出るか、出ないかぐらいの差ということです。もちろんまわしよみ新聞で、おいしいお茶とスイーツを出してもらっても構いません。そうなると、ますます女子会と変わりませんが、より楽しい話し合いとものづくりの場となることでしょう。

第5章

著者特別対談　新しい「新聞」のあり方

まわしよみ新聞を続けていると、ひとりではなくだれかと共同作業で考えたり、モノをつくったりすることの大切さを改めて感じます。

まわしよみ新聞を通して見えてきたメディアや情報、他者との出会いについて、ぜひだれかと語り合いたい。そうした思いから、ふたりの新聞関係者と対談を行いました。

対談1

まわしよみ新聞で人を繋《つな》ぐ、輪を広げる

安武信吾《やすたけしんご》（西日本新聞社編集委員）

安武信吾さんは、2011年、西日本新聞社（本社・福岡市）の地域創造プロジェクト「ニュースカフェ」を立ち上げました。ソーシャル・キャピタル（社会関係資本）の一環で、さまざまなコミュニティづくりに携《たずさ》わってきました。その事業のひとつとして、朝活ニュースカフェ「まわしよみ新聞」を街角のコーヒーショップ（オアシス珈琲天神店）に開設。のべ350回以上実施し、九州でそのムーブメントを起こしました。また、2014年から福岡市で毎年開催されている「全国まわしよみ新聞サミット」の仕掛け人でもあります。

プライベートではひとり娘を育てるシングルファーザー。亡き妻との暮らしを描いた著書『はなちゃんのみそ汁』（文藝春秋）は2015年、女優の広末涼子さんの主演で映画化されました。

今回は、新聞社が取り組む「まわしよみ新聞の可能性」について話をお聞きしました。

互いの実家の新聞遍歴

陸奥　安武さんのご実家は新聞を取っていましたか？

安武　日本経済新聞と西日本新聞です。朝日、読売、毎日も購読していた時期があります。

陸奥　2つ以上取っていたんですか？

安武　赤旗も取っていました。実家は田舎の商店街で写真館を営んでおり、おつき合いもあったのでしょう。でも、毎朝、新聞を読む父の姿は印象に残っています。新聞のある暮らしが当たり前だった時代でしたね。

陸奥　ああ。うちの祖母の家もご近所づき合いで赤旗と聖教新聞が同時に届いてた頃がありました（笑）。

29歳で記者に

陸奥　西日本新聞社は大卒で入社ですか？

安武　そうです。最初は、美術展やスポーツイベントを企画・運営する事業局で働いていたのですが、29歳のときに編集局に異動となり、記者職に就きました。事業局では若手のリーダー格で後輩たちを指導する立場だったのですが、編集局では、多くの新入社員が経験するサツ回り（警察担当）からスタート。他社の年下の記者に抜かれてばかりで、デスクには怒鳴られ、それまでに社会人として培《つちか》ったプライドや自尊心はズタボロにされました（笑）。

陸奥　警察まわりは大変と聞きますね。新聞社に入るといろんな部署を回るそうですが、どの部署がおもしろかったですか？

安武　記者として自由に仕事に取り組めたのは宗像《むなかた》支局でした。職住一体のひとり支局なので、地域住民とのつながりが濃密で楽しかったです。ただ、宗像地区1市3町1村（当時）のニュースをひとりで取材しなければならない大変さもありました。市町村合併や首長選挙、いじめなどの教育問題、早朝深夜の事件・事故、住宅地にイノシシの群れが突然現れたり……。毎日、車や自転車で走り回っていました。

陸奥　わぁ。すごいな。

安武　4年間、宗像での仕事を終えた後、運動部でJリーグを担当。体を壊して、出版部に異動し、2011年に古巣の事業局に戻りました。

ニュースカフェの担当に

陸奥　そのころ、ニュースカフェが始まるわけですか？

安武　そうです。社の幹部から「地域創造プロジェクト」という新規の業務を与えられ、約半年間、胃に穴が空くような思いで生み出したのが、新聞と読者の顔と顔の見える関係性をつくる語り合いの場「ニュースカフェ」です。

陸奥　地域創造プロジェクトの仕事はおもしろかったですか？

安武　福岡県福津市で「対話によるまちづくり」に取り組む津屋崎《つやざき》ブランチ代表の山口覚《やまぐちさとる》さん（↓86ページ）との出会いなどがあり、プロジェクトでは、普段、私たちがあまり考えないことを深く考え抜く貴重な体験ができました。たとえば、「地域」とは何か。「創造」の意味など。私たちはこれまで意見を戦わせる「議論」に終始してしまい、自由な発言を奪ったり、「対話」によって生み出される「第3の価値観」に気づく機会を失っていたのかもしれません。新聞は対話をおろそかにしてきたんじゃないか。そんな自問自答を繰り返しながら、まわしよみ新聞に繋がっていくんです。

陸奥　なるほど。

安武　新聞と読者の顔と顔が見える関係性づくりをどうしたらいいのか、模索していた時期でした。ニュースカフェでは、「ワールドカフェ」（リラックスした雰囲気の中で参加者が自由に語り合うワークショップ）もやっていましたが、対話を促《うなが》すファシリテーターの技量がワールドカフェの成否を左右するので、地域に浸透させるのが難しかった。

陸奥　そうですよね。しかも、ファシリテーション技術をだれもが身につけることは容易ではない。

安武　もっと簡単で気軽に語り合える方法はないものか、と思っていたところ、まわしよみ新聞を知りました。「そうか、新聞を使えばいいんだ！」と興奮したことが今でも忘れられません。私にとっては「コロンブスの卵」でした。

まわしよみ新聞の気軽さに惹《ひ》かれて

陸奥　まわしよみ新聞は、確かに簡単ですからね。ノーテーマで、気になった記事を3枚出せば何をしゃべってもいいし、みんな同じ回数だけしゃべれる。同じ回数しゃべるというのが大事で。自然と全員参加型になる。だからファシリテーションがいらない。

安武　1回やれば、だれでも簡単にできる。子どもでもできる。それがよかったです。娘が小学生のころ、友達を集めて、まわしよみ新聞をやってました。

陸奥　子どもにとっては、遊び感覚なんでしょうね。

安武　まわしよみ新聞ならば、ファシリテーション養成講座のようなことをやらなくても、楽しみながら担《にな》い手がどんどん増えていく。そこが画期的でした。

陸奥　確かにそうですね。ぼくもまわしよみ新聞の公式サイトで、まわしよみ新聞はこんな風につくりますとイラストで公開していたら、本当に勝手にみんながやり出したし、それなりにちゃんとできていましたからね。

安武　仕組みが単純で覚えやすい。とは言うものの、こういう仕組みは、なかなか、

つくれるもんじゃないです。「まわしよみ新聞」というタイトルもよかったですね。

陸奥　そうですか。いまいち、何をしているのかよくわからないと言われることもあるんですが（笑）。

安武　でもこれ以外のタイトルは思いつかないですよね。

陸奥　そうなんですよね。いろいろとあれこれ考えましたが、結局、いろんな新聞記事を回し読みするし、つくった新聞をまたみんなで回し読むし……「まわしよみ新聞」かなぁと。

安武　平仮名がいいじゃないですか。

陸奥　そこは考えましたね。じつは一番最初は「回し読み新聞」だったんですよ。でも新聞って堅いイメージがあるから、もうちょっと柔らかくしようと。それで「まわしよみしんぶん」と全部平仮名で書いてみたら、これは何や子どもっぽい。それで「まわしよみ新聞」というところで落ち着きました。

朝活ニュースカフェ「まわしよみ新聞」に発展

陸奥　そこから、地元のオアシス珈琲天神店で朝活ニュースカフェ「まわしよみ新聞」が始まるわけですね。ここでは2年間にわたって平日毎朝やって、３５０号以上のまわしよみ新聞が発行されました。驚異的でしたよね。あれで一気に九州中にまわしよみ新聞ムーブメントが起こりましたから。創業地の大阪以上に盛り上がっていった（笑）。やっていて何か印象に残っている苦労話はありますか？

安武　苦労というか、一度ヒヤッとしたことがあります。まわしよみ新聞の参加者が増えてきた頃に、話が盛り上がって、店内が騒がしくなる。それである日、早朝に来ていたあるお客さんが「うるさい！」とオアシス珈琲天神店の店長にクレームを入れたんです。

陸奥　うわ。それはまずいですね。

安武　そうなんですよ。さすがにこういうクレームが入るとまわしよみ新聞も続けられないかな？と思ったんですが、お店の方は「大丈夫です。まわしよみ新聞は続けてください。お客様のクレームはうちで何とかしますから」と言ってくれて。

陸奥　すごい。店が味方になってくれた。そこまで関係性ができてたんですね。

安武　めちゃくちゃ嬉しかったですね。

陸奥　たぶん、店長としては、毎朝、店で知的なワークショップをやってもらうことによる付加価値を実感できていたのではないでしょうか。

顔の見える関係のメリット

安武　そもそも、ニュースカフェの概念は、大きな会場で単発の大型イベントを催《もよお》すのではなく、暮らしやまちづくりなどをテーマにした語り合いを広範な地域で継続的に展開する少人数のワークショップです。そういう意味でも、まわしよみ新聞はぴったりでした。

陸奥　小さいまわしよみ新聞編集局をいっぱいつくればいいと。

安武　大きな会場での講演会は一方通行になりがちです。

陸奥　ああ。まわしよみ新聞なら、4〜5人でテーブルを囲んで話をして、参加者どうしで双方向性に話ができるから、顔が見えてきます。

安武　2015年にニュースカフェの延長線上の企画で、新聞と朝食のセットを500円で提供する「みそ汁と新聞カフェ」を期間限定でオープンしました。そこでも、まわしよみ新聞を開催し、うちの記者にも参加してもらいました。夜勤明けだったためか、最初は不機嫌な顔をしていましたが、ワークショップが始まると実に楽しそうに新聞記事について語っているのです。

陸奥　ああ。新聞記者さんって記事をつくったら終わりなので、新聞を読んで楽しそうに話をしているという現場を見ることはあまりないかもしれませんね。

安武　その通りなんです。その記者の書いた記事が取り上げられ、参加者が記事について感想や意見を交わし続けると楽しくないわけがない。記者が「じつは取材の裏話があって……」などと語り始めると、参加者も記者に質問をする。脱線もするが、それがまたおもしろい。筋書きのない本音の語り合いが始まるのです。

陸奥　それは記事を切って選んだ人も驚《おどろ》いたでしょうね（笑）。

安武　すごい特典ですよね。まわしよみ新聞に参加して、気になった記事を切り取ったら、何とその記事を書いた記者が目の前にいた。その記者から、新聞では書けなかった情報を教えてもらう。こんな経験はなかなかできない。興奮しますよ。

陸奥　なるほど。特ダネや大きいニュースを取材した記者が、「あのときはこうだった」としゃべるイベントは結構ありますが、あれは新聞社側がそういう場をつくったもので、読者が選んだ記事ではないですからね。

安武　そうそう。まわしよみ新聞は、参加者が、自分で切り取って選んだ記事ですから。

陸奥　それを書いた記者がいたら、そりゃ話は弾みますよね。読者も嬉しいし、記者も嬉しい。

安武　最初はブーブー言いながら参加した記者が、最後は感動して帰っていった(笑)。こんな場をもっとつくり、広げていきたい。時代はデジタルですが、アナログな紙の新聞の価値と今後のあり方が見えてきました。

陸奥　新聞と読者の結びつきが強くなりますね。

安武　ニュースカフェの目指すところでもあります。その具体的な手法として、まわしよみ新聞が最適でした。

読者どうしを結ぶツールから読者と記者を結ぶツールへ

陸奥　なるほどなぁ……いや、じつはぼくは昔、テレビ業界で仕事をしていた頃があるんですよ。毎回視聴率の報告があって、1パーセントの上下で一喜一憂する。でも、この「視聴率○○パーセント」というのがよくわからない。要するに視聴者数が増えたということなんですが、「この視聴者がどういう表情だったのか？」はわからないんですよね。

安武　顔が見えない。

陸奥　そうなんですよ。テレビの前の視聴者が、ぼくの番組のコーナーを見て、泣いているのか、怒っているのか、笑っているのか、ただ単に寝ているだけなのか……そういう反応がないんです。こういうのを繰り返していると、数字だけで何でも判断してしまって、虚《むな》しいものがありまして。

安武　なるほど。

陸奥　商店街にオモロイおっちゃんがおると。それを取材してテレビで流しても視聴者の反応はまったくわからない。顔が見えない。どうすればええのか？「そうや。視聴者を商店街に連れてきてもらって、視聴者とおっちゃんを直接、会わせればええんや！」と思ったんですよね。それで、そういう仕事は一体何や？　と思ったら、これは〝観光〟やったんです。視聴者に現場に来てもらう。まち歩きで現地を訪問すればいい。

安武　まさにまわしよみ新聞じゃないですか。

陸奥　そうなんですよね（笑）。でも、ぼくはまわしよみ新聞は読者と読者を結びつけるツールとして発明したので、まさかそれが記者と読者を結びつけるツールになるとは思いもしなかったわけです。それはやっぱり安武さんの発明といいますか、発見、功績やと思います。

まわしよみ新聞サミットへ

陸奥　安武さんには全国まわしよみ新聞サミットの幹事長もやっていただきました。安武さんが全国の新聞社に呼びかけて「まわしよみ新聞、一緒にやりましょう！」と言ってくれたのは大きかったですね。

安武　紙の新聞離れは、やっぱり、インターネットの影響が大きいと思います。新聞業界はひと昔前のように読者を奪い合っていてはいけない。まず、新聞を手にとってくれる分母を協力し合って増やしていかないと。そんな時代に、まわしよみ新聞が世に生まれ、その発案者が陸奥さんだからよかった。

陸奥　えっ、どういうことですか？

安武　これが新聞社の発案だったら、自分のところで独占しようという意識が働きかねない。商標登録してしまう可能性だってある。

陸奥　ああ、そういうことですか。そうですね、他の新聞社は取り組みにくいかもしれませんね。ぼくはまったく新聞とは関係のない人間ですからね。

安武　陸奥さんのホームページでも「だれでも自由にやってください」「まわしよみ新聞編集長を勝手に名乗っていただいても構いません」と宣言してくれていたので、なんて心の広い人だ、と（笑）。

陸奥　ぼくは、大阪の釜ヶ崎《かまがさき》で仲間たちと、ちまちまと遊んでいただけで……。安武さんに拾ってもらったから、まわしよみ新聞は、こんな大きいムーブメントになったんだと思っていますよ。

安武　やっぱりね、西から変わっていくんですよ。時代は（笑）。

陸奥　福岡は大陸に近いし、渡来の文化がやってくる最先端やないですか。そういう新しい文化を受け入れる土壌というか、度量の大きさみたいなのは感じますね。そして福岡から、どんどんと日本に新しい文明、文化が広がっていった。

安武　そういう歴史の流れみたいなのがあるんでしょう。これからも西からまわしよみ新聞の風を吹かしていきますよ。

陸奥　ありがとうございます。ぜひともよろしくお願いします（笑）。

福岡市にて（2018年3月）

安武信吾◎1963年生まれ。福岡県宮若市出身。下関市立大学卒業後、西日本新聞社に入社。久留米総局、宗像支局、運動部、地域づくり事業部、情報・営業支援室次長などを経て、現在、編集委員。西日本新聞に「はなパパの食べることは生きること」（2015年9月〜2017年3月）、「はなちゃんの台所　15歳のレシピ」（2018年4月〜）などの連載を担当。

対談2

まわしよみ新聞から見る「新聞」の可能性

老川祥一《おいかわしょういち》（読売新聞グループ本社取締役最高顧問・主筆代理）

読売新聞政治部の記者として、政界の錚々《そうそう》たる大物たちに取材し、記事を書き続けてきた老川祥一さん。現在は読売新聞グループ本社の取締役最高顧問・主筆代理や読売巨人軍オーナーを務めるかたわら、政治や行政システムのわかりやすい解説書など多くの著作を執筆されています。

今回は、「まわしよみ新聞」が第66回読売教育賞NIE部門最優秀賞を受賞したことをきっかけに、まわしよみ新聞を通して見るデジタル情報時代における「新聞」の役割や公共性、民主性について、お聞きしました。

新聞社による教育への取り組み

陸奥　お久しぶりです。昨年（２０１７年）11月に読売教育賞の表彰式でご挨拶《あいさつ》して以来ですね。

老川　改めまして受賞、本当におめでとうございます。

陸奥　ありがとうございます。本日はそのまわしよみ新聞をめぐって、新聞社が教育賞を設置していることに始まり、新聞というメディアの役割や可能性についてお話をお聞きしたいと思います。

老川　よろしくお願いします。

陸奥　さっそくですが、今回まわしよみ新聞が受賞した読売教育賞は第66回目でした。それで、この教育賞はいつから始まったのだろうと計算したら、昭和27年（１９５２）。サンフランシスコ平和条約が発効された年なのですね。

老川　はい。日本が主権を回復した年です。

陸奥　ええ、いわば１９５２年は、日本が新しく生まれ変わろうとした年ですよね。そのような年に読売新聞社が教育賞を創設したのは、やはりこれからの時代をつくるのは教育だ……といった気運が、社会全体にあったのでしょうか。

老川　まさしくその通りです。当時、これからの日本を復興していくのは、やはり人材であり、それを育てる教育だと。そういうふうにわれわれ読売新聞社の大先輩が考えたのです。ですから読売教育賞の前後には作文コンクール、当初は綴方《つづりかた》コンクールと言っていましたが、これが１９５１年から始まっています。その前にも高《たか》松宮《まつのみや》杯の全日本中学校英語弁論大会を１９４９年から始めていました。

陸奥　今の高円宮《たかまどのみや》杯ですね。

老川　そうです。第51回の英語弁論大会では天皇・皇后両陛下がお見えになりました。じつは第1回の英語弁論大会のとき、陛下は学習院の生徒として、大会をご覧になっていたのです。それで50周年記念の大会には、懐かしいですねということでお見えになられたわけです。

陸奥　もはや歴史的な取り組みですね。

老川　１９４９年の英語弁論大会。１９５１年の作文コンクール。１９５２年の読売教育賞。戦後日本の復興に向けて、読売新聞はこうした教育的な取り組みを始めていったわけです。

関東の弱小新聞だった読売新聞

老川　ただ、当時の読売新聞は弱小新聞でしたから。

陸奥　え、弱小新聞？　読売新聞がですか？

老川　当時は朝日新聞、毎日新聞が大きかった。これらは大阪発祥の新聞です。

陸奥　そうですね。全国紙の多くは大阪創刊ですね。あんな大新聞ではないですが、まわしよみ新聞も大阪発祥です（笑）。

老川　全国紙には違いないかもしれません（笑）。今の全国紙の中で、関東発祥の新聞は読売新聞だけですが、われわれは関東大震災や東京大空襲と、2回、社屋が丸焼けになりましたから。

陸奥　そうか。天災と戦災の被害が甚大だった。

老川　戦前、東京には読売新聞の他に都《みやこ》新聞、國民《こくみん》新聞などがありましたが、今は軒並み、なくなってしまいました。この両新聞の末裔《まつえい》が東京新聞ですが、これは中日新聞が参加して、どちらかというと中日新聞のエリア紙のような位置づけになっています。ただ東京の下町に行くと、今でも結構、東京新聞の読者が多い。これは、もともと都新聞が、寄席とか芝居とか芸事のニュースをたくさん扱っていたからです。

陸奥　なるほど、下町の人たちは都新聞に馴染《なじ》みがあったんですね。

老川　上野あたりの飲食店に行くと、店主が「新聞でも読みますか？」と持ってきたのが東京新聞だったなんて経験があります。

陸奥　持ってきてくれたら、読売新聞の取締役と言えど読まないわけにもいきませんね（笑）。

教育という未来への投資

老川　東京の新聞はそうした理由で、大阪発祥の朝日新聞や毎日新聞と比べると、やはり経営は厳しかったわけです。大変な苦労をしていた。そのような状況で、読売新聞はよく教育に力を入れたなと、手前味噌ながら思いますね。教育は、投資をしても、お金になりませんからね。

陸奥　確かに、すぐに還《かえ》ってくるものではありません。子どもたちが、いつ、どこで、どういう教育を受けて、どんな人材になるのかという結果がわかるには、長い長い年月がかかります。

老川　あの戦後の混乱期に、そういう教育という、なかなかお金になりにくい分野で、よくぞこんな大きなプロジェクトを開始したと。われわれの大先輩方の話ですが、今でも感心しますよ。

陸奥　結果的に、素晴らしい財産になっていますよね。地道に続けられて、英語弁論大会などは、50年経って両陛下が見に来られたりするわけですから。

老川　最近はどこの企業でもコストカットですからね。すぐにお金にならない分野は真っ先に切り捨てられる傾向が強い。

陸奥　そうなんですよね。他社にも以前は同様の試みがあったのに、今はストップしてしまっているケースが多いようです。こういう事業を読売新聞が始められて、66年もの歴史があるというのは、本当に素晴らしいことです。わが国最高の教育賞ですからね。そんな栄誉ある賞を受賞して、本当に大変なことになったと思ってます（笑）。

老川　ノミネートされるまで、私はまわしよみ新聞のことを知らなかったのですが、素晴らしい取り組みですね。

陸奥　じつは、まわしよみ新聞は本来、あまり教育ということを念頭に置いたものではなかったんです。ぼくは、〝遊び〟を意図してまわしよみ新聞を考案しまして……。つまり、新聞を用いたカードゲームとか、大喜利《おおぎり》大会のようなものだったんです。それがいつのまにか、新聞関係者や教育関係者に注目され、ＮＩＥに取り入れられていった。

老川　まわしよみ新聞のような、新聞遊びといいますか、新聞に興味を持つとか、新聞に親しむといった取り組みは本当に嬉しいことです。これは単なる学校教育という枠組みを超えて、もっと人間の社会生活の営みの中で、新聞は必要なものだ、おもしろいものだということを気づかせてくれますから。

庶民の言葉で語る新聞

陸奥　新聞が社会生活の営みに必要なものだというのは、ぼくも感じるところです。

老川　明治７年（１８７４）に読売新聞は創刊したわけですが、当時は〝大《おお》新聞〟と〝小《こ》新聞〟という分け方がありました。大新聞というのは、自由民権運動とか政論を掲載する新聞です。それに対して、いわゆるまちなかの出来事とか、世間の話題を載せるのを小新聞といって、読売新聞は小新聞の系統に入ります。

陸奥　生活に密着している新聞だということですね。

老川　そういうことです。われわれは庶民の新聞だと。だから庶民に喜んで読んでもらえる新聞にしないといけない。特に女性にも読んでもらいたい。だから新聞で初めて難しい漢字にルビ（ふりがな）を振ったのは、じつは読売新聞なのです。

陸奥 え、そうなんですか。それは知らなかったです。庶民目線を大事にしたということですね。

老川 新聞の題号をどうするかというのも、当時はいろんな案が出ました。中には「をみな新聞」という案もあった（笑）。

陸奥 をみな？〝女〟ってことですか？ それはすごいな。「読売新聞」が「女新聞」という題号だったら、歴史が変わりますね（笑）。

老川 そもそも「読売」というのも、江戸時代の「よみうり」からきていますから。

陸奥 まちかどに立って、瓦版《かわらばん》を読みあげて売る人たちのことですね。職業名をそのまま名づけたわけですが、意図はわかりやすい。

老川 「よみうり」が語るのは、庶民の言葉ですから。今の読売新聞は政治や経済のニュースも扱いますが、それも一般の読者にわかりやすく伝えることを大事にしています。高級大衆紙というのかな。それが読売新聞の姿勢としてあります。

陸奥 〝遊び〟から生まれたので当然ですが、まわしよみ新聞もまったく堅苦しいものではなくて。庶民のもの、大衆から支持されているものという意識は強くあります。

老川 庶民目線を大事にしているという意味で、同じような発想だと思いますよ。

陸奥 それはおそれ多いですが、嬉しいお言葉です。

モノとしての新聞の魅力

陸奥　ぼくは中卒で、10代後半の頃はアルバイトに明け暮れていたんですが、読売新聞販売店で新聞配達をしていたこともあるんです。

老川　それはご苦労さまでした。

陸奥　ちょうど1995年の頃で。阪神・淡路大震災が起こった1月17日の午前5時46分、ぼくは、とある高層マンションで読売新聞を配達していました。同じ年のオウム真理教による地下鉄サリン事件のときにも新聞を配っていました。当時は大事件が連発していた。深夜2時、3時に販売店に行くと、だれよりも早くに新聞を読めるのが嬉しくて。新聞って刷りたては温かいんですよね。生まれたてほやほやといいますか。紙の束なんですが、生きているという感じがする。インクが滲《にじ》んで手が黒くなったりもしますが（笑）。

老川　刷りたてはインクが乾ききっていないから、そうなりますね。

陸奥　そういうモノとしての新聞といいますか、紙としての存在感は、バーチャルなインターネットにはない特徴だと思います。カタチがあるから、わかりやすい。

老川　情報を実体として手に取れるということですね。

陸奥　まわしよみ新聞は、記事を切ったり貼ったりして新聞をつくる作業がわかりやすいところも、みなさんに受けているのかなと思っているんです。新聞づくり、モノづくりという部分が非常に大きいんです。モノとしての新聞を楽しむといいますか……。だからまわしよみ新聞は、子どもから大人、高齢者まで楽しめる。

被災地に新聞を届ける

老川　阪神・淡路大震災のときに、神戸にいちばん早く新聞を届けたのはうちなんですよ。

陸奥　そうなんですか？

老川　各新聞社とも地震の影響で陸路は使えないから、海を渡って新聞を届けるしかない。それでプレジャーボートみたいな立派な高速船で行った社もあったんです。ところが港が壊滅しているから接岸できない。わが社は砂利船《じゃりぶね》（砂利運搬用の小型作業船）で行ってね。

陸奥　砂利船（笑）。

老川　スピードは遅いんですが、こちらの方が接岸しやすい船で。結果として、わが社がいちばん早く被災地に届けることができた。当時私は東京勤務でしたが、のちに大阪本社勤務になって、大阪のある会合でたまたまテーブルで同じになった人が、そのときの砂利船の船長で。あのときは大変だったと苦労話を聞かされました（笑）。

陸奥　それはそれは（笑）。でも非常時に新聞が届くとホッとするというのはありますよね。これは東日本大震災の復興支援をしているＮＰＯの方から聞いた話ですが、地震や津波が起きて、みんな高台の避難所に逃げた。救援物資が届いたり、スマホでネット情報が入ってきたりするんだけど、どうにも落ち着かない。しかし新聞が届いたときに、みなさん、ようやく落ち着いたと聞きました。新聞は紙で、モノで、カタチがあるからこそ、どこか安心感がありますよね。

災害時に活きる「ストック」の情報の利点

老川　東日本大震災のときには、私は東京本社の社長でしたが、阪神・淡路大震災のときに大阪本社で新聞をつくっていたスタッフを東京本社に呼び寄せて、「震災掲示板」というページをつくって読者に届けました。被災者のだれが、どこの避難所にいるのか、というのをひとりひとり取材して掲載したんです。

陸奥　それはすごい。細やかな取材網《もう》がないとできませんね。

老川　これは、被災地のみなさんに大変、喜ばれました。というのも、被災者情報が出るのはテレビの方が早いかもしれませんが、テレビのニュースは流れていきますから。家族や親戚が、今、どこにいるのか知りたい。でも、テレビでずっと情報を見ているわけにもいかない。その点、新聞は流れるということがないですから。

陸奥　ああ。そうですよね。テレビは〝フロー〟で、情報がすぐに流れていってしまう。流れると、再アクセスが難しい。ネットなんかはテレビ以上に速くて、あっという間にタイムラインが流れていきます。その点、新聞は〝ストック〟ですから。時間をかけて、じっくりと自分の時間で読むことができるし、後で遡《さかのぼ》ることもできるから、全容がわかる。

老川　速報性では新聞は負けるかもしれませんが、ネットやテレビにはない長所が当然、新聞にはあります。

陸奥　モノ・カタチとしてあるので、再アクセスしやすいし、みんなで回し読みして情報を読み解くことができる。情報があまりに厖大《ぼうだい》で流れの速い時代ですが、そういう時代だからこそ、「ちょっと待てよ」と立ち止まって、自分たちの時間で情報に再アクセスして、振り返りの時間をつくれる新聞というのは、とても貴重なメディアではないかと思います。

大きい記事、小さい記事

陸奥　この対談の前に老川さんのご著書『政治家の胸中』（藤原書店）を読ませていただきました。

老川　光栄です。

陸奥　とても興味深く拝読しました。この本では歴代首相の何気ない、小さな呟《つぶや》きのような言葉をいろいろと紹介されていますよね。

老川　そうです。この本に収録されている政治家の一言は、まったく新聞のニュースにはならないようなものばかりです。失言でもなければ、名言でもない。でも、時間がたってそれが積み重なると、そこに政治のドラマや歴史性みたいなものが見えてくる。何気ない、小さい呟きの中に、その政治家の生き様や運命のようなものが凝縮されていたりする。

陸奥　じつは新聞も同じではないかな、と思います。とても小さい、何気ない記事のように見えて、しかし、そこにこそ、現代の世相が表れていたりする。まわしよみ新聞を始めてから、そういう小さい記事に着目するようになりました。

老川　すべて横並びで、同じ大きさで、フラットに見えるネットのニュースとは違いますね。

陸奥　そうなんです。ネットのニュースは全部同じフォーマットで、見出しの大きさとか、記事の大きさとかがないですから、序列がない。大きい記事、小さい記事というのがないんです。しかし、まわしよみ新聞では、小さい記事を切り取って、みんなが「おお！　そんな記事があるんや⁉」と発見する喜びを得られることが醍醐《だいご》味《み》でもあります（笑）。

老川　そういうのはとても大事なことだと思います。小さい、細かい記事の中に、自分なりの価値を見出していくんです。

新聞が共通の知をつくる

老川　インターネットと新聞を比較すると、インターネットはやはり個人の発信で終わるようなところもありますね。

陸奥　そうですね。「私」の世界で、それだけで完結してしまいがちです。

老川　遠く離れている人とも繋《つな》がれるといいますが、どうも肌感覚ではない。

陸奥　じつはぼくはこの間、インターネットで古墳好きのドイツ人と友人になったんです。オフラインではなかなか知り合いになりそうもない人です。検索すると自分と似たような趣味嗜好《しこう》の人がいるので、地球の裏側の人とでも交流することはできる。確かにインターネットにはそういう効果があります。でも世の中はそれだけでは動いていませんから。

老川　社会は自分と似た考えの人たちばかりではないですから。いろんな人間がいる。

陸奥　本当にそうです。いきなり初めて会った隣の人に「ぼく、古墳好きで」なんて個人的なことを話し始めたらドン引きされます（笑）。会話にならない。やっぱりそういうときは、何か公共的というか、世間的というか、共通項のありそうな話から始めないといけない。

老川　「昨日のナイター、巨人が勝ちましたね」みたいなところから、人間関係は始まる（笑）。そういうときには、やはり新聞というのは下地になりますね。ネットのニュースや広告は、個人の利用傾向に合わせて選別されてしまっている場合がありますが、新聞はもっと幅広く、まんべんなくテーマを扱っています。

陸奥　そういう意味で、新聞は社会性を獲得するツールでもあります。今の子どもたちが人と会話するのが苦手だったりするのは、どこかで新聞離れが影響している気がします。

新聞との出会いがない

陸奥　ぼくがまわしよみ新聞をする際は、必ず新聞を持ち込み制にしていて。新聞を買ってきてくださいとアナウンスしているんです。

しかしあるとき、大学生から「新聞ってどこに売ってるんですか？　本屋ですか？」と質問されたことがあって。「え？　本屋にはないんちゃうかな。コンビニに売ってるやん」「あ、コンビニにあるんですか？」というようなやりとりがあって、これにはすっかり驚《おどろ》きました。

新聞を読んだことがないから、売ってる場所も知らない。コンビニには行くんですが、興味がないので、新聞が視界に入らないんですね。認識していない。

老川　今の大学生も新聞を読んでいませんね。実家暮らしの子はまだ読んでいますが……。

陸奥　ＮＩＥといっても、新聞の教育って、もはや読むところではなくて、買うところから始めないといけないと本気で思いました。

老川　そうかもしれませんね。

陸奥　新聞は宅配制度なので、実家や親が取っていると、子どもたちも新聞を読むことはあります。しかし実家や親元を離れてひとり暮らしを始めると、新聞から離れてしまう。じつは自分のお金で新聞を買うという購入行動を、人生でただの一度もしたことがないんです。ＮＩＥでも先生が新聞を用意したりしますから。ですから、まず「新聞を買う」というところからＮＩＥの第一歩を始めてほしいですね。一度でも購入行動を経験していれば次に繋がるし、そもそもそうしないと新聞社にお金が回らない（笑）。

情報はタダではない

老川　確かに、最近の人はニュースなんてタダで読めると思っている風潮はありますね。

陸奥　ニュースのみならず、本や楽曲も無料で手に入って当然だという人までいて、恐ろしいことです。

老川　新聞記者になって、岩手県の盛岡支局に配属されたときに、奥羽《おうう》山脈で雪崩《なだれ》

が起きたことがあって。２名の先輩の記者が取材に行きました。当時はファックスもなくて、電送で。

陸奥　電送？

老川　写真を電気信号に変換して送る装置です。それを担《かつ》いでいった。

陸奥　雪の中を。大変ですね。

老川　ひとりは駅で待機していて、もうひとりは捜索隊と一緒に山に登った。行きは捜索隊と一緒だからいいんですが、写真を撮影したら帰りはひとりになります。そのときに疲労で倒れてしまった。凍死寸前だったんですが、たまたま捜索隊が帰ってきたときに見つかって、助かった。

陸奥　まさに命がけですね。

老川　こういう苦労を新聞記者は常にしています。お金をかけて、命をかけて、取材をやっている。

共同作業でできた新聞を、共同作業で読み解く

陸奥　情報が無料化していくと、取材力は落ちるし、メディアの質が低下します。質が低下すると、誤報やヘイトニュースといった問題にも繋がっていく。

老川　確かに震災の現場などでは、被災者が発信者となって、ネットで被災地の情

報を流せば、新聞より早いかもしれません。しかし世の中にはいろんな人がいますから、その情報が本当かどうかわからない。間違いやウソかもしれない。その点、新聞社は複数の人間が情報を精査し、責任を負って発信しています。

たとえば社説ひとつとっても、読売新聞では毎日、複数の論説委員が何度も議論をして内容を決めています。何名もの人間が繰り返しチェックをしている。古い言い方ですが、新聞はやはり社会の公器ですからね。

陸奥　たった一本の記事でも、じつは何名もの記者が携《たずさ》わって書かれている社会的な知だということですよね。これはすごく大事なことですが、当然、時間も人件費もかかりますよね。だから新聞を買って応援しないと、民主主義が担保されない。

老川　いっぽうまわしよみ新聞は、そうした新聞記者の共同作業でつくられる新聞を、ひとりではなくてみんなで読むことで、多角的に理解し、読者のリテラシーを育てようというものだと思います。本当にいい仕事をなさっているなと。ありがたく思っていますので、今後ともよろしくお願いします。

陸奥　こちらこそです。ありがとうございました。

読売新聞本社にて（２０１８年４月）

老川祥一◎読売新聞グループ本社取締役最高顧問・主筆代理。１９４１年東京都出身。早稲田大学政治経済学部政治学科卒業。64年読売新聞社（東京本社）に入社し、盛岡支局に配属。70年政治部、76年ワシントン支局。論説委員、政治部長などを経て、取締役編集局長、大阪本社専務取締役編集担当、大阪本社代表取締役社長、東京本社代表取締役社長・編集主幹を歴任。２０１１年より現職。著書に『自衛隊の秘密』（潮文社）、『自民党の30年』（読売新聞社、共著）、『やさしい国会のはなし』ほか政党、地方自治等『やさしい』シリーズ（法学書院、編著）、『政治家の胸中』（藤原書店）、『終戦詔書と日本政治』（中央公論新社）など。

おわりに

まわしよみ新聞を考案した２０１２年ごろ、ぼくは大阪の釜ヶ崎《かまがさき》界隈《かいわい》の喫茶店によく通っていました。労働者のまちで、朝が早いので、モーニングをやっている喫茶店が多かったのです。

ある朝、とある喫茶店でモーニングを頼み、ママさんと客とのやりとりをぼんやり眺めて待っていました。すると、新聞を読んでいた客のひとりが、「ママ、これ見てみ」と新聞を差し出した。それを見たママさんは「へえ」と相槌《あいづち》を打ち、今度は「いやぁ、でも、こっちの記事の方がおもろいで」とまた新聞を客にまわして、ワイワイ話しているんです。何の話題だったかは覚えていませんが、「新聞って、記事を回し読みして楽しめるんやなあ」と思ったことは覚えています。

同じころ、釜ヶ崎近くの飛田《とびた》本通商店街にある骨董屋で、昭和40年代の新聞のスクラップブックを見つけました。大事件からお茶の間のニュースまで、いろいろな記事がスクラップされていて、中には、「何でこんな記事、切り取ったんやろ?」と思うような記事も多くありました。もとの持ち主がわからなかったので、探し当てて聞いてみることもできませんでしたが、記事を切り取った「理由」を知りたくて、しばらくモヤモヤしていました。

「どうやって、まわしよみ新聞みたいなアイデアを思いついたんですか?」としょっちゅう質問されるのですが、ぼく自身も、よくわかりません。しかし、コンセプトだとか理論だとかが先行したのではなくて、身の回りで体験した小さな「気づき」が少しずつ積み重なって、形になったことは確かです。

＊

人間は環境に左右される生きものですから、ぼくが大阪という土地でずっと活動してきたことも、まわしよみ新聞の発明に少なからず影響しているのかもしれません。というのも、常々、ぼくは「まわしよみ新聞の発想は非常に大阪的なものだ」と思っているからです。

大阪的とはつまり、厳密なルールを持たずに、ものごとを自由に変化させたり、異なるものを取り込むことにあまり躊躇《ためら》いがない、ということです。大阪は日本列島の中心近くにあって、海に面した港町です。時代ごとに南蛮《なんばん》船や北前船が行きかい、国内外から多くの人がやって来て、多様な文化が持ち込まれました。それゆえか、異なる文化を「ごちゃまぜ」にすることに抵抗感が少なく、異物を許容しようという懐《ふところ》の深さがあるように思います。何でもアリで、一見カオス（混沌）のようですが、しかし、それが新しい何かを生み出す土壌でもあるのです。

たとえば、ぼくは上方落語が大好きです。しょっちゅう寄席に出かけては落語を聞いています。江戸時代に成立した落語には、有名な演目（ネタ）であっても、作者がだれなのかわからないことが少なくありません（近代以降の新作落語であれば作者がはっきりしていることもありますが）。連綿たる落語の歴史の中で、多くの落語家や脚本家、関係者が、もとになったネタに話を足したり、設定をアレンジしたり、人物を編集したり、言葉を改変したりした結果、現在まで語り継がれる堂々たる名作・大作・古典となったわけです。

そして落語が素晴らしいのは、どんな名作・大作・古典であっても、常に時代や演じ手やその場の状況に合わせて、内容を変化させたり、新しいネタやクスグリなどを増やしたりすることが可能だというところでしょう。ときには特に重要なサゲ（オチ）ですら変えたりします。

要するに、落語のネタは、だれもが自由に改良して利用できるオープンソースだということです。だから落語は常に進化し続けていて、おもしろいのです。


常に進化しているものといえば、大阪の名物グルメ「お好み焼き」にも、驚《おどろ》くほどのバリエーションがあります。お好み焼きには、豚肉を必ず入れるとか、トマトをいれてはいけないとかいう決まりはありません。小麦粉を溶いて鉄板に広げたら、あとは何が入っていてもいいのです。

それどころか最近では、山芋や豆腐、卵の黄身などを使った、小麦粉を入れないお好み焼きなんていうものもあります。コナモン（粉もん）のはずが、もはや、粉（小麦粉）ですらない。ツナギは水でも出汁《だし》でも牛乳でもいいし、チーズでも、パクチーでも、納豆でも、アボガドでも、好きな具を入れていい。定番のソースと鰹節でなく、ケチャップやポン酢をかけてもいい。まさに「お好み」で、どんな食材をどんな組み合わせで使っても構いません。

こうして個々人がいろんな食材にチャレンジしていくことで、自由にアレンジされ、編集された〝変わり〟お好み焼きメニューが次々と生まれているわけです。

食べ物にせよ、製品やシステムにせよ、大阪発祥のものには、異なる性質を合わせたり、多くの材料をごちゃまぜにしてつくり、さらに自由にアレンジを加えられるものが多いように思います。

同じく大阪の地で生まれた「まわしよみ新聞」も、上方落語やお好み焼きに通じる共通の性質を持っています。オープンソースで、だれでも自由につくり変えて使えますし、「こうでなければいけない！」という決まりも、ほとんどありません。

何度も繰り返しているように、まわしよみ新聞は「遊び」です。あらぬ方角に逸《そ》れていくことを許容、奨励《しょうれい》しようという、自由な精神のもとに生まれ育っています。

本書では、もっともスタンダードなまわしよみ新聞のやり方を紹介しましたが、あなたの好きなように、勝手気ままに、つくり方・遊び方を改変して構いません。この本に紹介している通りにやる必要はまったくありません。

たとえば、世界各国の新聞を回し読みしたり、もはや新聞だけではなくて、雑誌や小説や詩集や写真集を持ち込んでもいいかもしれません。10メートルの大キャンパスで壁新聞をつくったり、記事についてのおしゃべりを手話でしたり、全員仮装しながらまわしよみ新聞をするのもおもしろそうです。

＊

まわしよみ新聞のゆるくて自由な性質を活かして、すでに各地でいろいろなバリエーションのまわしよみ新聞がつくられていることは、第3章を読めばよくわかると思います。

ぼく自身、噂《うわさ》には聞いていましたが、本書の執筆に際してあらためていくつかの実践例をくわしく取材してみると、そのスタイルの多様さ、ユニークさ、アレンジの大胆さに驚きました。
毎日まわしよみ新聞を発行していたり（富岸小学校）、３００人という大人数で実施したり（福間中学校）、過去の新聞データベースを用いたり（白波瀬ゼミ）。目的もさまざまで、ビジネスマンの雑談力を養うため（城南信用金庫）とか、日本語学習の生きた教材として（台湾・銘伝大学）、人との出会いのため（みんなの縁側王丸屋）に、まわしよみ新聞が活かされていました。また基本のアクションだけにとどまらず、記事の情報をもとに取材をしながら一週間がかりで壁新聞をつくったり（ナーサリー幼児園）、まわしよみ新聞からさらに演劇を創作する（ピッコロシアター）という事例もありました。

本書で紹介できたのはごく一部ですが、発案者のぼくですら想像できないような、多種多様なまわしよみ新聞が日本全国各地（海外まで！）で展開しているというのは、本当に嬉しいことでした。

２０１２年のまわしよみ新聞の創刊当時から、ぼくはずっと「みなさん、自由に遊んでください」と呼びかけてきました。そしてこの5年間で、まわしよみ新聞が「自由な遊び」であることが定着し、本格化していっていると感じています。このような傾向は、今後、ますます加速して、広まっていくでしょう。これからも、あっと驚くような新しいまわしよみ新聞、斬新な新聞遊びが出てくることを、大いに期待しています。

*

最後になりましたが、本書の刊行には、多くの方々からご支援、ご協力をいただきました。特に第3章、第5章で取材や対談をお引き受けいただいたみなさまには、収録から資料・写真の提供、原稿の校正にいたるまで、お忙しいなか貴重なお時間を割《さ》いてご対応いただきました。この場を借りて、あらためて深くお礼申し上げます。

自主制作本『まわしよみ新聞のすゝめ』（2014年）改訂のつもりが、ほぼ完全に書き下ろし状態となった原稿を編集・校正してくださった、フリー編集者の太田明日香さん、創元社の小野紗也香さん。慌ただしいスケジュールにもかかわらず、素敵なイラストやマンガを描いてくれたフジワラトモコさん、読みやすいデザインの本に仕上げてくださった納谷衣美さんにも、大変お世話になりました。みなさんがいなかったら、この本は世に生まれておりません。

そして最後に、普段からぼくのことを支えてくれている友人たちや家族にも、心からの深い感謝を。

ありがとうございました。おおきに。

2018年5月　陸奥賢

陸奥賢　むつ・さとし

観光家／コモンズ・デザイナー／社会実験者。１９７８年大阪・住吉生まれ、堺育ち。中学校卒業後、フリーター、放送作家&リサーチャー、ライター&エディター、生活総合情報サイトＡｌｌ Ａｂｏｕｔの大阪ガイドなどを経験。２００７年に堺を舞台にしたコミュニティ・ツーリズム企画で「ＳＡＫＡＩ賞」を受賞（主催・堺商工会議所）。２００８〜２０１３年まで大阪コミュニティ・ツーリズム推進連絡協議会のまち歩き事業「大阪あそ歩」に携わる（２０１２年、観光庁長官表彰受賞）。

２０１１年からはまちづくり、観光、メディア、アートの境界を逍遥しながら「大阪七墓巡り復活プロジェクト」「まわしよみ新聞」（２０１７年、読売教育賞ＮＩＥ部門最優秀賞受賞）「直観讀みブックマーカー」「当事者研究スゴロク」「演劇シチュエーションカード劇札」「歌垣風呂」（２０１７年、京都文化ベンチャーコンペティション・とらや賞受賞）「仏笑い」など、一連のコモンズ・デザイン・プロジェクトを企画・立案・主宰している。

應典院寺町倶楽部執行部世話人。大阪いちょうカレッジ主任講師。
大阪府高齢者大学講師。
社会実験塾「逍遙舎」初代代表。

むつさとしのブログ　http://mutsu-satoshi.com/
まわしよみ新聞公式サイト　http://www.mawashiyomishinbun.info/

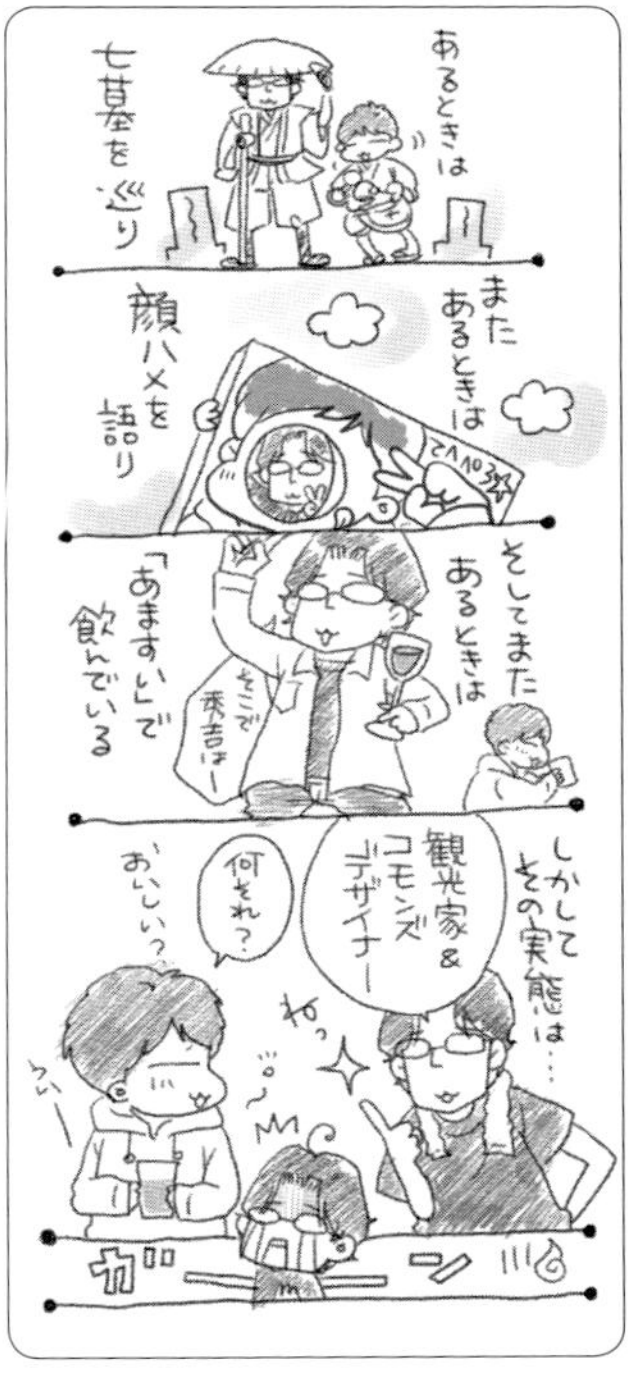
あるときは
七墓を巡り
また
あるときは
顔ハメを語り
てへぺろ☆
そしてまた
あるときは
「あますい」で飲んでいる
そこで秀吉はー
しかして
その実態は…
観光家&
コモンズ
デザイナー
何それ？
おいしいっ
ねっ
ガーン

まわしよみ新聞《しんぶん》をつくろう！

２０１８年６月20日　第１版第１刷　発行

著　者　陸奥賢

発行者　矢部敬一

発行所　株式会社 創元社
http://www.sogensha.co.jp/
本社
〒541-0047 大阪市中央区淡路町4-3-6
Tel. 06-6231-9010(代)　Fax. 06-6233-3111
東京支店
〒101-0051 東京都千代田区神田神保町1-2 田辺ビル
Tel. 03-6811-0662

装丁・組版　納谷衣美

編集協力　太田明日香

イラスト　フジワラトモコ

印刷所　図書印刷株式会社

ISBN978-4-422-12065-2　C0037